MW01155840

«*Este es* el libro *que hay que entregar a cualquiera que haya estado preguntando o luchando con los principios del calvinismo en general, y con el tema de la elección en particular. Es fácil de leer, está finamente ilustrado y debe estar en la biblioteca de todo cristiano. Lo recomiendo encarecidamente*».

— **Jay E. Adams,** editor general
de *The Journal of Modern Ministry*

«Escogidos por Dios, *de R.C. Sproul, es un clásico de la literatura reformada del siglo XX. Nada lo ha superado en claridad o pasión. Los que consideran este libro como "transformador" son muchos. Estoy entusiasmado de que se haya puesto a disposición de una nueva generación para que lo descubra*».

— **Derek W. H. Thomas,** ministro principal
de *First Presbyterian Church* en Columbia, Carolina del Sur,
y uno de los maestros de Ministerios Ligonier

«*Hace tiempo que R.C. Sproul estableció su posición como uno de los comunicadores más eficaces de las grandes verdades de la teología reformada.* Escogidos por Dios *es un tratado extraordinariamente útil de la doctrina de la predestinación. Se caracteriza por su claridad de pensamiento y de expresión, por su coherencia con la enseñanza bíblica y, a la vez, por su estilo dinámico y muy fácil de leer*».

— **Eric J. Alexander,** ministro retirado
de la Iglesia de Escocia

«*Los cristianos pertenecemos a Dios porque hemos sido escogidos por Él. Esta sencilla verdad es poco comprendida por las personas que han sido llevadas a imaginar que son ellas las que han escogido a Dios y no al revés. El Dr. Sproul nos ha mostrado con la claridad que le caracteriza lo que esto significa para nosotros y por qué es tan importante*».

— **Gerald L. Bray,** profesor de investigación de Divinidad,
Beeson Divinity School, Samford University

«*Cada generación está bajo el mandato bíblico de proporcionar un legado para la generación venidera que honre al Señor y los impulse con una visión y un estímulo enraizados en el glorioso evangelio de nuestro Salvador, Jesucristo. El Dr. R.C. Sproul en* La Santidad de Dios *y* Escogidos por Dios *ha proporcionado tal legado para la próxima generación. Una generación amontona piedras para la alabanza de Dios a fin de enseñar a la siguiente generación. ¡Aquí hay dos piedras de la pila que dan alabanza a Dios! Abre estos libros y encontrarás la verdad bíblica ilustrada con perspicacia y comunicada de manera desafiante. Que el Señor haga grandes cosas a través de ti mientras aprovechas estas obras hasta que Él venga en gloria*».

— **Harry Reeder III,** ministro principal
de *Briarwood Presbyterian* en Birmingham, Alabama

Escogidos por Dios

Escogidos por Dios

R.C. SPROUL

 Ministerios Ligonier

Escogidos por Dios

© 2023 por Ministerios Ligonier

Primera edición, 2023

Distribuído en América Latina y España por Poiema Publicaciones
Poiema.co

Publicado originalmente en inglés bajo el título
Chosen by God by R.C. Sproul
por Tyndale House Publishers, Inc., Carol Stream, IL, 60188
Copyright © 1986 por R.C. Sproul

Publicado en español con permiso por Ministerios Ligonier
421 Ligonier Court, Sanford, FL, 32771
es.Ligonier.org

Impreso en Ann Arbor, Michigan
Cushing-Malloy, Inc.
0001222

ISBN 978-1-64289-519-3 (Tapa rústica)
ISBN 978-1-64289-520-9 (ePub)
ISBN 978-1-64289-521-6 (Kindle)

Adaptación de portada: Ligonier Creative
Diagramación de interior: The DESK, Poiema Publicaciones y Ministerios Ligonier

Traducción al español: Roberto «Roby» Reyes, Julio Caro y Alicia Ferreira
Edición en español: José «Pepe» Mendoza, Daniel Lobo y Emanuel Betances

Las citas bíblicas, a menos que se indique lo contrario, son tomadas de *La Nueva Biblia de las Américas* (NBLA), Copyright © 2005 por The Lockman Foundation. Usadas con permiso. www.NuevaBiblia.com. Todos los derechos reservados.

Library of Congress Control Number: 2022945843

SDG

Contenido

Prefacio

Ya ha pasado un cuarto de siglo desde que escribí *Escogidos por Dios*, y, en los años que siguieron esta obra me ha dado varias sorpresas. Al escribirlo, tenía la sensación de que les estaba «predicando a los conversos». Es decir, dudaba mucho de que las personas que aún no estaban convencidas de la doctrina reformada de la elección se molestaran en leer esa obra en particular. Entonces pensé: «Vale la pena dedicar mi tiempo a escribirlo, aunque solo sea para el beneficio de los que ya están convencidos de la doctrina y necesitan comprender con un poco más de profundidad la elección y cómo explicarla a otros».

Las cosas se dieron de tal forma que me ha sorprendido la respuesta del público general a ese libro. Literalmente, miles de personas me han indicado, ya sea en persona o por carta, que les ha servido para cambiar su forma de pensar y convencerlos de que la visión reformada de la elección es, de hecho, la visión bíblica. Han llegado a concordar con el sentimiento de Spurgeon de que *teología reformada* es solo un apodo para el cristianismo bíblico. Pero no todos los que han leído este libro han sido persuadidos por su postura.

También me han sorprendido algunas personas que han leído ese libro junto con otro mío llamado *La santidad de Dios*. De todos los títulos que he publicado, este último es el que ha tenido la mayor distribución. Lo que he escuchado con frecuencia de las personas que han leído tanto *La santidad de Dios* como *Escogidos por Dios* es lo siguiente: Me dicen que *La santidad de Dios* cambió sus vidas porque les reveló la majestad y la grandeza de nuestro Dios. Dicen que amaron el libro y el despertar que experimentaron al leerlo, pero que, al mismo tiempo, encontraron *Escogidos por Dios* un tanto desagradable en comparación. Cuando la gente me dice eso, suelo responder diciendo: «Creo que, o bien no entendiste lo que dije en *La santidad de Dios* o no has entendido lo que digo en *Escogidos por Dios*». La santidad de Dios abarca Su soberanía y no podemos abrir una brecha entre estas. Podemos distinguirlas, pero nunca separarlas.

Mi esperanza es que los que están leyendo este libro por primera vez y los que están releyéndolo en su versión actualizada no solo se persuadan de que la doctrina de la elección que expusieron los reformadores es verdadera, sino que también puedan ver su dulzura y lleguen a amarla y a comprender que abre de par en par toda la gracia y la misericordia de Dios ante nuestro entendimiento. En el siglo XVI, Martín Lutero le dijo a Erasmo que el que no abrazaba la *sola gratia*, es decir, la salvación por la gracia sola, no había entendido la *sola fide*, la justificación por la fe sola. Estas dos solas —la *sola fide* y la *sola gratia*, que en conjunto nos llevan a la última sola: *Soli Deo Gloria*— son las torres gemelas del concepto bíblico de la salvación.

R.C. Sproul
Semana Santa, 2010

Capítulo 1

La lucha

Béisbol. Perros calientes. Pastel de manzana. Chevrolet. Todas estas cosas son muy norteamericanas. Y para completar el grupo debemos añadir el gran lema estadounidense: «No hablemos de religión ni de política».

Los lemas están hechos para romperse. Quizás no hay ninguna regla en Estados Unidos que se rompa con más frecuencia que la de no hablar de religión ni de política. Nos enfrascamos en esas conversaciones una y otra vez. Y cuando el tema gira en torno a la religión, a veces gravita hacia el tema de la predestinación. Lamentablemente, ese suele ser el fin de la conversación y el comienzo de una disputa que produce más calor que luz.

Discutir acerca de la predestinación es prácticamente irresistible —perdón por el juego de palabras—. El tema es muy atractivo. Brinda la oportunidad de discutir todo tipo de asuntos filosóficos. Cuando el tema se pone álgido, de repente nos volvemos súper patrióticos y protegemos el árbol de la libertad humana con más celo y tesón de los que Patrick Henry jamás habría soñado. La pesadilla de un Dios todopoderoso que toma decisiones por nosotros, y quizá aun contra nosotros, nos hace gritar: «¡Dame libre albedrío o dame la muerte!».

La misma palabra *predestinación* tiene un sonido siniestro. Está vinculada al concepto desesperanzador del fatalismo y, de algún modo, sugiere que en su seno somos reducidos a una condición de títeres insignificantes. La palabra evoca imágenes de una deidad diabólica que juega con nuestras vidas de manera antojadiza. Da la impresión de que estamos sujetos a los caprichos de ciertos decretos horribles que quedaron cimentados mucho antes de que naciéramos. Sería mejor que nuestras vidas fueran determinadas por las estrellas, ya que al menos podríamos encontrar indicios de nuestro destino en los horóscopos diarios.

Si al horror de la palabra *predestinación* le sumamos la imagen pública de Juan Calvino, su maestro más famoso, nos estremecemos aún más. Calvino es retratado como un tirano riguroso y de rostro severo, un Ichabod Crane* del siglo XVI que experimentaba un placer demoníaco al quemar herejes recalcitrantes. Esto es más que suficiente para quitarnos todo deseo de debate y afianzar nuestro compromiso de no hablar jamás de religión ni de política.

Ante un tema tan desagradable para la gente, lo asombroso es que lo abordemos del todo. ¿Por qué hablamos de esto? ¿Es acaso porque disfrutamos lo desagradable? De ninguna manera. Lo discutimos porque no podemos evitarlo. Es una doctrina claramente establecida en la Biblia. Hablamos de la predestinación porque la Biblia habla de la predestinación. Si queremos basar nuestra teología en la Biblia, chocamos de frente con este concepto. Muy pronto, descubrimos que no fue Juan Calvino quien lo inventó.

---

* **Nota de traducción:** Ichabod Crane es el protagonista de la leyenda del jinete sin cabeza. Es un profesor lúgubre que no logra cortejar a la mujer que ama y huye del pueblo luego de encontrarse con el jinete.

Prácticamente todas las iglesias cristianas tienen una doctrina oficial de la predestinación. Desde luego, la doctrina de la predestinación de la Iglesia católica romana es diferente a la de la Iglesia presbiteriana. Los luteranos tienen una visión del asunto distinta a la de los metodistas.

El hecho de que haya tantos puntos de vista diferentes sobre la predestinación no hace más que enfatizar la realidad de que, si somos bíblicos en nuestro pensamiento, debemos tener una doctrina de la predestinación. No podemos ignorar pasajes tan conocidos como estos:

> Porque Dios nos escogió en Cristo antes de la fundación del mundo, para que fuéramos santos y sin mancha delante de Él. En amor nos predestinó para adopción como hijos para sí mediante Jesucristo, conforme a la buena intención de Su voluntad (Ef 1:4-5).

> También en Él hemos obtenido herencia, habiendo sido predestinados según el propósito de Aquel que obra todas las cosas conforme al consejo de Su voluntad (Ef 1:11).

> Porque a los que de antemano conoció, también *los* predestinó *a ser* hechos conforme a la imagen de Su Hijo, para que Él sea el primogénito entre muchos hermanos (Ro 8:29).

Si hemos de ser bíblicos, la pregunta no es si debemos tener una doctrina de la predestinación, sino qué tipo de doctrina debemos adoptar. Si la Biblia es la Palabra de Dios y no mera especulación humana, y si Dios mismo declara que existe la predestinación, la conclusión inevitable es que debemos adoptar una doctrina de la predestinación.

Si seguimos este hilo de pensamiento, es obvio que debemos ir un paso más allá. No es suficiente tener alguna postura sobre la predestinación. Nuestro deber es buscar la postura correcta sobre este asunto para que no seamos culpables de distorsionar o ignorar la Palabra de Dios. Aquí es donde comienza la verdadera lucha, la lucha por determinar con precisión todo lo que la Biblia enseña sobre este tema.

Mi lucha con la predestinación comenzó muy temprano en mi vida cristiana. Conocí en la universidad a un profesor de filosofía que tenía convicciones calvinistas. Exponía la visión «reformada» de la predestinación. No me gustaba. No me gustaba en lo más mínimo. Luché en contra con uñas y dientes durante todos mis años de universidad.

Me gradué sin estar convencido de la visión reformada o calvinista de la predestinación, pero terminé asistiendo a un seminario que tenía entre sus docentes al rey de los calvinistas, John H. Gerstner.

Gerstner es a la predestinación lo que Einstein es a la física o Tiger Woods al golf. Me habría sido mejor desafiar a Einstein respecto a la relatividad o jugar contra Woods antes que enfrentar a Gerstner. Pero... el necio es atrevido donde el sabio es comedido.

Desafié a Gerstner una y otra vez en el salón de clases y me convertí en un verdadero fastidio. Resistí durante más de un año. Mi rendición final se dio por etapas, etapas dolorosas. Todo comenzó cuando empecé a trabajar como pastor de estudiantes en una iglesia. Escribí una nota para mí mismo que mantenía en mi escritorio, donde siempre pudiera verla.

TU DEBER ES CREER, PREDICAR Y ENSEÑAR LO QUE LA BIBLIA DICE QUE ES CIERTO, NO LO QUE TÚ QUIERES QUE LA BIBLIA DIGA QUE ES CIERTO.

La nota me perseguía. Mi crisis final ocurrió en mi último año. Llevaba un curso de tres créditos sobre Jonathan Edwards. Pasamos el semestre analizando su libro más famoso, *La libertad de la voluntad*, bajo la tutela de Gerstner. Al mismo tiempo, llevaba un curso de exégesis griega del libro de Romanos. Yo era el único alumno de esa asignatura, solo yo con el profesor de Nuevo Testamento. No tenía dónde esconderme.

Esa combinación fue demasiado para mí. Gerstner, Edwards, el profesor de Nuevo Testamento y, sobre todo, el apóstol Pablo eran un equipo demasiado formidable para que yo lo resistiera. El capítulo nueve de Romanos fue el factor determinante. Simplemente no pude encontrar la manera de eludir la enseñanza del apóstol en ese capítulo. De mala gana, suspiré y me rendí, pero con la cabeza, no con el corazón. «Está bien, lo creo, ¡pero no tiene que gustarme!».

Pronto descubrí que Dios nos ha creado de tal manera que el corazón debe seguir a la cabeza. No podía quedar impune si amaba con la cabeza algo que odiaba con el corazón. Una vez que comencé a ver la contundencia de la doctrina y sus implicaciones más amplias, mis ojos se abrieron a la gracia de la gracia y al gran consuelo de la soberanía de Dios. La doctrina empezó a gustarme poco a poco, hasta que irrumpió en mi alma la convicción de que esta doctrina revelaba la profundidad y la riqueza de la misericordia de Dios.

Ya no temía los demonios del fatalismo ni la idea horrible de que estaba siendo reducido a una marioneta. Ahora me regocijaba en un Salvador bondadoso que era inmortal, invisible, el único y sabio Dios.

Dicen que no hay nada más irritante que un borracho convertido. Pero trata de hablar con un arminiano convertido. Los arminianos convertidos tienden a volverse calvinistas fervientes, fanáticos de la causa de la predestinación. Estás leyendo la obra de uno de ellos.

Mi lucha me ha enseñado algunas cosas a lo largo del camino. He aprendido, por ejemplo, que no todos los cristianos son tan celosos por la predestinación como yo. Hay hombres mejores que yo que no concuerdan con mis conclusiones. He aprendido que muchos malentienden la predestinación. También he aprendido cuánto duele estar equivocado.

Cuando enseño la doctrina de la predestinación, suelo sentirme frustrado por los que se niegan obstinadamente a someterse a esta. Quiero gritarles: «¿No se dan cuenta de que están resistiendo la Palabra de Dios?». En esos casos, soy culpable de al menos uno de dos pecados. Si mi entendimiento de la predestinación es correcto, entonces, en el mejor de los casos, soy impaciente con personas que simplemente están luchando como yo lo hice una vez y, en el peor de los casos, soy arrogante y condescendiente con los que no están de acuerdo conmigo.

Si mi entendimiento de la predestinación no es correcto, mi pecado se agrava, ya que estaría calumniando a los santos que, al oponerse a mi punto de vista, luchan por los ángeles. Por lo tanto, en este asunto tengo mucho en juego.

La lucha en torno a la predestinación se vuelve aún más confusa porque las mejores mentes de la historia de la iglesia han diferido al respecto. Eruditos y líderes cristianos del pasado y el presente han adoptado diferentes posiciones. Un breve vistazo a la historia de la iglesia revela que el debate en torno a la predestinación no es entre liberales y conservadores ni entre creyentes e incrédulos. Es un debate entre creyentes, entre cristianos piadosos y sinceros.

Puede ser útil ver cómo los grandes maestros del pasado se alinean frente a esta pregunta.

Postura «reformada»	*Posturas contrarias*
Agustín	Pelagio
Tomás de Aquino	Jacobo Arminio
Martín Lutero	Felipe Melanchthon
Juan Calvino	Juan Wesley
Jonathan Edwards	Charles Finney

Supongo que parece que estoy arreglando las cosas a mi favor. Los pensadores más reconocidos como titanes de la erudición cristiana clásica se inclinan fuertemente hacia el lado reformado. Sin embargo, estoy convencido de que este es un hecho histórico que no podemos ignorar. Desde luego, es posible que Agustín, Aquino, Lutero, Calvino y Edwards estén equivocados con respecto a este tema. De hecho, estos hombres difieren entre sí respecto a otros puntos doctrinales. No son infalibles individual ni colectivamente.

No podemos determinar la verdad contando votos. Los grandes pensadores del pasado podrían estar equivocados. Pero es importante ver que la doctrina reformada de la predestinación no fue inventada por Juan Calvino. En la visión de la predestinación de Calvino, no hay nada que Lutero y Agustín no hayan propuesto antes que él. Posteriormente, el luteranismo no siguió a Lutero en este punto, sino a Melanchton, quien cambió su postura tras la muerte de Lutero. También es notable que, en su famoso tratado de teología, la *Institución de la religión cristiana*, Juan Calvino escribiera poco sobre este tema. Lutero escribió más que Calvino sobre la predestinación.

Dejando a un lado nuestra clase de historia, debemos tomar en serio el hecho de que estos hombres de tanta erudición hayan concordado en este tema complejo. Repito, que concordaran no zanja el asunto de la predestinación. Es posible que se hayan equivocado. Pero sí nos llama la atención. No podemos descartar la postura reformada como si fuera una idea peculiar de los presbiterianos. Sé que durante mi gran lucha contra la predestinación me sentía profundamente turbado por la voz unánime de los titanes de la erudición cristiana clásica respecto a este punto. Reitero, no son infalibles, pero merecen que los respetemos y los escuchemos con sinceridad.

Entre los líderes cristianos contemporáneos, encontramos una lista más equilibrada de partidarios y opositores (ten en cuenta que aquí estamos hablando en términos generales y que hay diferencias significativas entre los líderes de cada lado).

Postura «reformada»	Posturas contrarias
Sinclair Ferguson	C.S. Lewis
Michael Horton	Roger Olson
John MacArthur	Grant Osborne
John Piper	Clark Pinnock
Francis Schaeffer	Billy Graham

No sé cuál es la postura de Chuck Swindoll, Pat Robertson y muchos otros líderes sobre este punto. Jimmy Swaggart ha dejado claro que considera que la visión reformada es una herejía demoníaca. Sus ataques contra la doctrina no han sido para nada mesurados. No reflejan el cuidado y la seriedad de los hombres mencionados en la columna «Posturas contrarias», todos los cuales son grandes líderes cuyas opiniones merecen nuestra atención.

Mi esperanza es que todos sigamos luchando por la verdad. Nunca debemos asumir que hemos llegado a la meta. Sin embargo, no hay ninguna virtud en el mero escepticismo. Vemos con recelo a los que siempre están aprendiendo, pero nunca llegan al conocimiento de la verdad. Dios se deleita en hombres y mujeres de convicción. Obviamente, le interesa que nuestras convicciones sean acordes a la verdad. Entonces, te invito a que luches conmigo mientras nos embarcamos en un viaje difícil, pero, espero, también provechoso mientras examinamos la doctrina de la predestinación.

Para estudio adicional

Como *canales de agua es el corazón del rey en la mano del SEÑOR; Él lo dirige donde le place* (Pr 21:1).

Porque en verdad, en esta ciudad se unieron tanto Herodes como Poncio Pilato, junto con los gentiles y los pueblos de Israel, contra Tu santo Siervo Jesús, a quien Tú ungiste, para hacer cuanto Tu mano y Tu propósito habían predestinado que sucediera (Hch 4:27-28).

Y sabemos que para los que aman a Dios, todas las cosas cooperan para bien, esto es, *para los que son llamados conforme a Su propósito. Porque a los que de antemano conoció, también los predestinó a ser hechos conforme a la imagen de Su Hijo, para que Él sea el primogénito entre muchos hermanos. A los que predestinó, a esos también llamó. A los que llamó, a esos también justificó. A los que justificó, a esos también glorificó* (Ro 8:28-30).

Bendito sea el Dios y Padre de nuestro Señor Jesucristo, que nos ha bendecido con toda bendición espiritual en los lugares celestiales en

Cristo. Porque Dios nos escogió en Cristo antes de la fundación del mundo, para que fuéramos santos y sin mancha delante de Él. En amor nos predestinó para adopción como hijos para sí mediante Jesucristo, conforme a la buena intención de Su voluntad, para alabanza de la gloria de Su gracia que gratuitamente ha impartido sobre nosotros en el Amado (Ef 1:3-6).

Capítulo 2

La predestinación
y la soberanía de Dios

Mientras nos esforzamos por entender la doctrina de la predestinación, debemos comenzar con una comprensión clara de lo que significa esa palabra. Aquí nos encontramos de inmediato con dificultades, ya que nuestra definición suele ser moldeada por nuestra doctrina. Podríamos albergar la esperanza de que, si acudimos a una fuente neutral en busca de nuestra definición, una fuente como el diccionario Webster, lograremos librarnos de esos prejuicios. Pero no hay tal suerte —o debería decir, tal providencia—. Mira estas entradas del *Webster's New Collegiate Dictionary* [*Nuevo diccionario universitario de Webster*].

Predestinado: *Destinado, preordinado o determinado de antemano; preordinado a una suerte o destino terrenal o eterno por decreto divino.*

Predestinación: *Doctrina que enseña que Dios, debido a Su conocimiento previo de todos los acontecimientos, guía infaliblemente a los que están destinados a la salvación.*

Predestinar: *Destinar, decretar, determinar, designar o establecer de antemano.*

No estoy seguro de cuánto podemos aprender de estas definiciones de diccionario aparte de que Noah Webster debe haber sido luterano. Sin embargo, lo que sí podemos deducir es que la predestinación tiene algo que ver con la relación entre nuestro destino final y la realidad de que alguien hace algo respecto a ese destino antes de que lleguemos allá. El «pre» en *predestinación* se refiere al tiempo. Webster utiliza la expresión «de antemano». El *destino* es el lugar al que nos dirigimos, como vemos en el uso habitual de la palabra.

Cuando llamo al agente de viajes para reservar un vuelo, pronto surge la pregunta: «¿Cuál es tu destino?». A veces la pregunta es bastante sencilla: «¿Adónde vas?». Nuestro destino es el lugar al que nos dirigimos. En términos teológicos se refiere a uno de dos lugares: o vamos al cielo o vamos al infierno. En ninguno de los casos podemos cancelar el viaje. Dios solo nos da dos opciones finales. Nuestro destino final es una o la otra. Incluso el catolicismo romano, que tiene otro lugar más allá de la tumba, el purgatorio, lo considera una parada intermedia en el camino. Sus viajeros transitan por la vía local, mientras que los protestantes prefieren la vía rápida.

El significado de la predestinación, en su forma más básica, es que nuestro destino final, el cielo o el infierno, es decidido por Dios, no solo antes de que lleguemos allí, sino incluso antes de que nazcamos. Nos enseña que nuestro destino final está en manos de Dios. Otra manera de decirlo es la siguiente: desde la eternidad, antes de que existiéramos, Dios decidió salvar a algunos miembros de la raza humana y dejar que el resto pereciera. Dios tomó una decisión: eligió a algunos individuos para que fueran salvos y tuvieran bendición eterna en el cielo, y decidió pasar por alto a otros, a quienes les permite seguir las consecuencias de sus pecados hasta llegar al tormento eterno del infierno.

Decir esto es difícil, sin importar cómo lo abordemos. Nos preguntamos: «¿Tienen nuestras vidas alguna incidencia en la decisión de Dios? Aunque Dios tome Su decisión antes de que nazcamos, Él sabe todo sobre nuestras vidas antes de que las vivamos. ¿Toma en cuenta ese conocimiento previo que tiene de nosotros al tomar la decisión?». La respuesta a esta última pregunta es la que determina si nuestra visión de la predestinación es reformada o no. Recuerda que ya hemos dicho que prácticamente todas las iglesias tienen *alguna* doctrina de la predestinación. La mayoría de las iglesias concuerdan en que Dios toma Su decisión antes de que nazcamos. Entonces, el problema radica en la siguiente pregunta: «¿En qué se basa Dios para tomar esa decisión?».

Antes de responder, debemos aclarar otro punto. Con frecuencia, la gente piensa en la predestinación con relación a asuntos cotidianos como los accidentes de tráfico y otras cosas por el estilo. Se preguntan si Dios decretó que los Yankees ganaran la Serie Mundial de béisbol o si el árbol que cayó sobre su coche lo hizo por edicto divino. Incluso, en el mundo de habla inglesa, los contratos de seguros tienen cláusulas que hacen referencia a los «actos de Dios» (lo que conocemos como casos fortuitos en el mundo de habla hispana).

Por lo general, la teología lidia con este tipo de interrogantes dentro del marco general de la providencia. Nuestro estudio se centrará en la predestinación en su sentido estricto, restringiéndola a la pregunta definitiva de la preordinación para salvación o para condenación, lo cual llamamos *elección* y *reprobación*. Las demás preguntas son interesantes e importantes, pero caen fuera del propósito de este libro.

La soberanía de Dios

En la mayoría de los debates sobre la predestinación, hay mucha preocupación por proteger la dignidad y la libertad del ser humano. Pero también debemos observar la importancia crucial de la soberanía de Dios. Aunque Dios no es una criatura, es personal y está dotado de dignidad y libertad supremas. Somos conscientes de que la relación entre la soberanía de Dios y la libertad humana está rodeada de problemas delicados. También debemos ser conscientes de que la soberanía de Dios está estrechamente relacionada con la libertad de Dios. La libertad del soberano siempre es mayor que la libertad de sus súbditos.

Cuando hablamos de la soberanía divina, estamos hablando de la autoridad y el poder de Dios. Ya que es soberano, Dios es la autoridad suprema en el cielo y en la tierra. Todas las demás autoridades son autoridades secundarias. Cualquier otra autoridad que exista en el universo se deriva y depende de la autoridad de Dios. Todas las demás formas de autoridad existen por orden o permiso de Dios.

La palabra *autoridad* contiene la palabra *autor*. Dios es el autor de todas las cosas sobre las que tiene autoridad. Él creó el universo. Él es el dueño del universo. Ser dueño le otorga ciertos derechos. Puede hacer con Su universo lo que a Él le plazca en Su santa voluntad.

Del mismo modo, todo el poder del universo fluye del poder de Dios. Todo el poder del universo está subordinado a Él. Incluso Satanás es impotente si no tiene el permiso soberano de Dios para actuar.

El cristianismo no es dualista. No creemos en dos poderes supremos e iguales que están enfrascados en una lucha eterna por supremacía. Si Satanás fuera igual a Dios, no tendríamos ninguna confianza, ninguna esperanza de que el bien triunfe sobre el mal. Estaríamos destinados a un enfrentamiento eterno entre dos fuerzas iguales y opuestas.

Satanás es una criatura. Es malo, sin lugar a duda, pero incluso su maldad está sujeta a la soberanía de Dios, al igual que nuestra propia maldad. La autoridad de Dios es definitiva; Su poder es omnipotente. Él es soberano.

Uno de mis deberes como profesor de seminario era enseñar la teología de la Confesión de Fe de Westminster. La Confesión de Westminster ha sido el documento central del credo del presbiterianismo histórico. Expone las doctrinas clásicas de la Iglesia presbiteriana.

Una vez, mientras dictaba ese curso, le anuncié a la clase nocturna que la semana siguiente estudiaríamos la sección de la confesión que abordaba la predestinación. Como la clase nocturna era abierta al público, mis alumnos no dudaron en invitar a sus amigos a la sabrosa discusión. A la semana siguiente, el aula estaba repleta de alumnos e invitados.

Comencé la clase leyendo las primeras líneas del capítulo tres de la Confesión de Westminster:

> Dios, desde toda la eternidad, por el sapientísimo y santísimo consejo de Su propia voluntad, ordenó libre e inmutablemente todo lo que acontece.

Entonces dejé de leer y pregunté: «¿Hay alguien en esta sala que no crea las palabras que acabo de leer?». Se levantaron muchísimas manos. Luego añadí: «¿Hay alguien en esta sala que tenga convicciones ateas?». No se levantó ninguna mano. Enseguida dije algo escandaloso: «Todos los que levantaron la mano cuando hice la primera pregunta también deberían haber levantado la mano cuando hice la segunda».

Mi afirmación recibió como respuesta un coro de quejas y protestas. ¿Cómo era posible que acusara a alguien de ser ateo por no creer que Dios ordene todo lo que acontece? Los que objetaban estas palabras no negaban la existencia de Dios. No objetaban el cristianismo; objetaban el calvinismo.

Intenté explicarle a la clase que la idea de que Dios ordena todo lo que acontece no es una noción exclusiva del calvinismo. Ni siquiera es exclusiva del cristianismo. Simplemente es un principio del teísmo, un principio necesario del teísmo.

Que Dios, en cierto sentido, ordene todo lo que acontece es una consecuencia necesaria de Su soberanía. Eso por sí solo no alega en favor del calvinismo. Solo declara que Dios es totalmente soberano sobre Su creación. Dios puede predeterminar las cosas de diferentes maneras, pero todo lo que ocurre debe ocurrir al menos con Su permiso. Si Él permite algo, debe decidir permitirlo. Si decide permitir algo, en cierto sentido lo está preordinando. ¿Qué cristiano diría que Dios no puede impedir que ocurra algo en este mundo? Si Dios lo desea, tiene el poder de detener el mundo entero.

Decir que Dios ordena todo lo que acontece simplemente es decir que Dios es soberano sobre toda Su creación. Si pudiera ocurrir algo sin Su permiso soberano, ese suceso frustraría Su soberanía. Si Dios se negara a permitir que algo sucediera, pero eso ocurriera de todos modos, lo que produjo ese suceso tendría más autoridad y poder que Dios mismo. Si existe una parte de la creación que está al margen de la soberanía de Dios, entonces Él simplemente no es soberano. Si Dios no es soberano, Dios no es Dios.

Si en este universo hay una sola molécula suelta, una única molécula totalmente libre de la soberanía de Dios, no tenemos ninguna garantía del cumplimiento de ninguna promesa de Dios. Quizá esa única molécula rebelde va a echar por tierra todos los planes grandes y gloriosos que Dios ha hecho y nos ha prometido. Si un cálculo en el riñón de Oliver Cromwell cambió el curso de la historia de Inglaterra, nuestra molécula disidente podría cambiar el curso de toda la historia de la redención. Tal vez esa única molécula será lo que impida el retorno de Cristo.

Ya conocemos la historia: por falta de un clavo se perdió una herradura; por falta de la herradura se perdió el caballo; por falta del caballo se perdió el jinete; por falta del jinete se perdió la batalla; por perder la batalla se perdió la guerra. Recuerdo la angustia que sentí cuando me enteré de que Bill Vukovich, quien fuera el mejor piloto de carreras de su época, murió en un accidente en las 500 Millas de Indianápolis. Posteriormente, se determinó que la causa del siniestro fue el fallo de un pasador que costaba diez centavos.

Bill Vukovich tenía un control increíble sobre los automóviles de carrera. Era un piloto magnífico. Sin embargo, no era soberano. Una pieza que valía apenas diez centavos le costó la vida. Dios no tiene que preocuparse de que una pieza de diez centavos arruine Sus planes. No hay moléculas rebeldes que anden sueltas. Dios es soberano. Dios es Dios.

Mis alumnos empezaron a ver que la soberanía divina no es una peculiaridad del calvinismo, ni siquiera del cristianismo. Sin Su soberanía, Dios no puede ser Dios. Si rechazamos la soberanía divina, debemos abrazar el ateísmo. Este es el problema al que todos nos enfrentamos. Debemos aferrarnos a la soberanía de Dios. Sin embargo, debemos hacerlo de una manera que no viole la libertad humana.

Llegados a este punto, debo hacer contigo lo mismo que hice con mis alumnos de la clase nocturna: terminar de leer lo que dice la Confesión de Westminster. El párrafo completo dice así:

Dios, desde toda la eternidad, por el sapientísimo y santísimo consejo de Su propia voluntad, ordenó libre e inmutablemente todo lo que acontece; pero de tal manera que Él no es el autor del pecado, ni violenta la voluntad de las criaturas, ni quita la libertad o contingencia de las causas secundarias, sino que más bien las establece.

Observa que aunque la Confesión afirma que Dios es soberano sobre todas las cosas, también declara que Dios no es autor del mal ni violenta la libertad humana. La libertad y la maldad del ser humano están bajo la soberanía de Dios.

La soberanía de Dios y el problema del mal

Sin duda alguna, la pregunta más difícil de todas es: ¿Cómo es posible que el mal coexista con un Dios que es totalmente santo y soberano? Me temo que la mayoría de los cristianos no dimensionan cuán profunda es la gravedad de este problema. Los escépticos han llamado a este asunto el «talón de Aquiles del cristianismo».

Recuerdo muy bien la primera vez que sentí el dolor de este espinoso problema. Estaba cursando mi primer año en la universidad y llevaba solo unas semanas como cristiano. Estaba jugando pimpón en la sala de estar del dormitorio de hombres cuando, en medio de una volea, me asaltó este pensamiento: *si Dios es totalmente justo, ¿cómo es posible que haya creado un universo en el que está presente el mal? Si todas las cosas proceden de Dios, ¿acaso el mal no procede de Él también?*

Entonces, al igual que ahora, noté que el mal presenta un problema para la soberanía de Dios. ¿Acaso el mal entró al mundo contra la voluntad soberana de Dios? Si es así, Dios no es absolutamente soberano; si no es así, debemos concluir que, en algún sentido, incluso el mal fue preordinado por Dios.

Durante años, he buscado la respuesta a este problema escudriñando las obras de teólogos y filósofos. He encontrado intentos ingeniosos de resolver el problema, pero, hasta ahora, nunca he dado con una respuesta profundamente satisfactoria.

La solución más común que escuchamos para este dilema consiste en simplemente aludir al libre albedrío del hombre. Oímos afirmaciones como esta: «El mal vino al mundo por el libre albedrío del hombre. El hombre es el autor del pecado, no Dios».

Sin duda, esta afirmación concuerda con el relato bíblico del origen del pecado. Sabemos que el hombre fue creado con libre albedrío y que el hombre libremente eligió pecar. No fue Dios quien cometió el pecado, sino el hombre. Sin embargo, el problema persiste. ¿De dónde sacó el hombre la más mínima inclinación a pecar? Si fue creado con el deseo de pecar, queda en tela de juicio la integridad del Creador. Si fue creado sin el deseo de pecar, debemos preguntarnos de dónde vino ese deseo.

El misterio del pecado está ligado a cómo entendemos el libre albedrío, el estado del hombre en la creación y la soberanía de Dios. El problema del libre albedrío es tan vital para nuestro entendimiento de la predestinación que le dedicaremos todo un capítulo. Hasta entonces, limitaremos nuestro estudio al problema del primer pecado del hombre.

¿Cómo fue posible que Adán y Eva cayeran si fueron creados buenos? Podríamos sugerir que el problema fue la astucia de Satanás. Satanás los engañó. Los engañó para que comieran del fruto prohibido. Podríamos suponer que la serpiente fue tan astuta que engañó de forma total y rotunda a nuestros primeros padres.

Esa explicación adolece de varios problemas. Si Adán y Eva no se hubieran dado cuenta de lo que estaban haciendo, si hubieran sido completamente engañados, todo el pecado habría sido de Satanás. Pero la Biblia deja claro que, aunque fue astuta, la serpiente contradijo abiertamente el mandato de Dios con sus palabras. Adán y Eva habían oído a Dios cuando Él les dio Su prohibición y Su advertencia. También oyeron a Satanás cuando contradijo a Dios. La decisión era completamente suya. No podían apelar a las artimañas de Satanás para excusarse.

Incluso si Satanás no solo hubiera engañado a Adán y Eva, sino que también los hubiera forzado a pecar, seguiríamos sin librarnos de nuestro dilema. Si hubieran podido decir con razón: «El diablo nos obligó a hacerlo», seguiríamos enfrentando el problema del pecado del diablo. ¿De dónde vino el diablo? ¿Cómo hizo para caer en maldad? Ya sea que hablemos de la caída del hombre o de la caída de Satanás, seguimos enfrentando el problema de criaturas buenas que se vuelven malas.

Una vez más, oímos la explicación «sencilla» de que el mal surgió por el libre albedrío de la criatura. El libre albedrío es bueno. El hecho de que Dios nos haya dado libre albedrío no lo vuelve culpable. En la creación, el hombre recibió la capacidad de pecar y la capacidad de no pecar. Él eligió pecar. La pregunta es «¿por qué?».

Aquí radica el problema. Antes de que una persona pueda cometer un acto de pecado, debe tener el deseo de realizar ese acto. La Biblia nos dice que las malas acciones surgen de malos deseos, pero la presencia de un deseo malo ya es pecado. Pecamos porque somos pecadores. Nacimos con una naturaleza pecaminosa. Somos criaturas caídas. Sin embargo, Adán y Eva no fueron creados caídos. No tenían una naturaleza pecaminosa. Eran criaturas buenas con libre albedrío. No obstante, eligieron pecar. ¿Por qué? No lo sé. Tampoco he encontrado a nadie más que lo sepa.

A pesar de este terrible problema, debemos afirmar que Dios no es el autor del pecado. La Biblia no revela las respuestas a todas nuestras preguntas, pero sí revela la naturaleza y el carácter de Dios. Hay algo absolutamente impensable: que Dios pueda ser autor o ejecutor del pecado.

Sin embargo, este capítulo trata sobre la soberanía de Dios. Todavía nos quedamos con la pregunta de cómo se relaciona la realidad del pecado humano con la soberanía de Dios. Si es cierto que, en algún sentido, Dios ordena todo lo que acontece, la conclusión innegable es que Dios debe haber ordenado la entrada del pecado al mundo. Esto no quiere decir que Dios lo haya forzado o que haya impuesto el mal sobre Su creación. Todo lo que significa es que Dios, en Su sabiduría, debe haber decidido permitir que ocurriera. Si Él no hubiera permitido que ocurriera, no podría haber ocurrido; de lo contrario, Él no sería soberano.

Sabemos que Dios es soberano porque sabemos que Dios es Dios. Por lo tanto, debemos concluir que Dios preordinó el pecado. ¿Qué más podemos concluir? Debemos concluir que la decisión divina de permitir que el pecado entrara al mundo fue buena. Esto no quiere decir que nuestro pecado en realidad sea bueno, sino simplemente que el hecho de que Dios nos permita pecar es bueno, aunque pecar es malo. Es bueno que Dios permita el mal, pero el mal que Él permite sigue siendo malo. La participación de Dios en todo este asunto es perfectamente justa. Por el otro lado, nuestra participación es mala. El hecho de que Dios haya decidido permitirnos pecar no nos exime de nuestra responsabilidad por el pecado.

Una objeción que solemos escuchar es esta: si Dios sabía de antemano que íbamos a pecar, ¿por qué nos creó? Un filósofo planteó el problema de esta manera: «Si Dios sabía que íbamos a pecar, pero no pudo impedirlo, no es omnipotente ni soberano. Si pudo impedirlo, pero decidió no hacerlo, no es amoroso ni benevolente». Con este planteamiento, Dios queda mal parado sin importar cómo respondamos a la pregunta.

Debemos suponer que Dios sabía de antemano que el hombre iba a caer. También debemos suponer que podría haber intervenido para evitarlo. Del mismo modo, podría haber elegido no crearnos. Admitimos todas esas posibilidades hipotéticas. En resumidas cuentas, sabemos que Él sabía que íbamos a caer y nos creó de todos modos. ¿Por qué significa eso que no es amoroso? Él también sabía de antemano que iba a implementar un plan de redención para Su creación caída, un plan que incluiría una manifestación perfecta de Su justicia y una expresión perfecta de Su amor y misericordia. Indudablemente, fue amoroso que Dios predestinara la salvación de Su pueblo, de aquellos que la Biblia llama Sus «elegidos» o «escogidos».

El problema son los no escogidos. Si algunas personas no son escogidas para salvación, pareciera que Dios no es nada amoroso con ellas. En su caso, da la impresión de que habría sido más amoroso que Dios no les hubiera permitido nacer.

Es posible que así sea. Pero debemos plantearnos la pregunta que es realmente difícil: ¿existe alguna razón por la que un Dios justo deba ser amoroso con una criatura que lo odia y se rebela constantemente contra Su autoridad y santidad divina? La objeción planteada por el filósofo implica que Dios les debe Su amor a las criaturas pecadoras. Es decir, la suposición tácita es que Dios está obligado a mostrarles gracia a los pecadores. Lo que el filósofo olvida es que *si la gracia es obligatoria, ya no es gracia.* La esencia misma de la gracia es que es inmerecida. Dios siempre se reserva el derecho de tener misericordia de quien quiera tenerla. Dios puede deberle justicia a la gente, pero jamás misericordia.

Es importante volver a señalar que estos problemas los enfrentan todos los cristianos que creen en un Dios soberano. Estas preguntas no son propiedad exclusiva de una visión específica de la predestinación.

La gente alega que el amor de Dios es suficiente para darles un camino de salvación a todos los pecadores. Como el calvinismo restringe la salvación solo a los escogidos, pareciera requerir a un Dios menos amoroso. Al menos a simple vista, da la impresión de que la postura no calvinista les da la oportunidad de ser salvas a muchas personas que no serían salvas bajo la postura calvinista.

Una vez más, este asunto aborda temas que tendré que desarrollar con más detalle en los próximos capítulos. Por ahora, solo permíteme decir que si la decisión final de la salvación de los pecadores caídos quedara en manos de los pecadores caídos, no habría ninguna esperanza de que alguien se salvara.

Si consideramos la relación entre un Dios soberano y un mundo caído, nos encontramos con cuatro opciones básicas:

1. *Dios podría decidir no darle a nadie la oportunidad de ser salvo.*
2. *Dios podría darles a todos la oportunidad de ser salvos.*
3. *Dios podría intervenir directamente y garantizar la salvación de todas las personas.*
4. *Dios podría intervenir directamente y garantizar la salvación de algunas personas.*

Todos los cristianos descartan de inmediato la primera opción. La mayoría de los cristianos descartan la tercera. Nos enfrentamos al problema de que Dios salva a algunos y no a todos. El calvinismo responde con la cuarta alternativa. La posición calvinista de la predestinación enseña que Dios interviene activamente en la vida de los escogidos para garantizar absolutamente su salvación. Desde luego, las demás personas están invitadas a acudir a Cristo y reciben la «oportunidad» de ser salvas *si lo desean*. Pero el calvinismo supone que, sin la intervención de Dios, nadie deseará jamás a Cristo. Por sí mismo, nadie elegirá jamás a Cristo.

Este es precisamente el punto de la controversia. Las visiones no reformadas de la predestinación suponen que todas las personas caídas tienen la capacidad de elegir a Cristo. No consideran que el ser humano esté tan caído como para requerir la intervención directa de Dios como lo afirma el calvinismo. Todas las posturas no reformadas dejan en manos del hombre el voto decisivo que determina su destino final. Según estas posturas, la mejor opción es la segunda. Dios les da a todos oportunidades de ser salvos. Sin embargo, es evidente que las oportunidades no son iguales, ya que hay vastas multitudes de personas que mueren sin haber escuchado jamás el evangelio.

El no reformado se opone a la cuarta opción porque esta limita la salvación a un grupo selecto escogido por Dios. El reformado se opone a la segunda opción porque considera que la oportunidad de que todos sean salvos *no es suficiente para salvar a nadie*. El calvinista ve que Dios hace mucho más por la raza humana caída en la cuarta opción que en la segunda. El no calvinista ve todo lo contrario. Piensa que, aunque el hecho de que haya una oportunidad universal no asegura la salvación de nadie, eso es más bondadoso que garantizar la salvación de algunos y no de otros.

El problema complicado para el calvinista radica en la relación entre las opciones tres y cuatro. Si Dios puede y decide garantizar la salvación de algunos, ¿por qué no garantiza la salvación de todos?

Antes de intentar responder esta pregunta, permíteme señalar que este no es un problema exclusivo de los calvinistas. Todos los cristianos deben sentir el peso de este problema. Enfrentamos primero esta pregunta: «¿Tiene Dios el poder de asegurar la salvación de todos?». Sin duda alguna, Dios tiene el poder de cambiar el corazón de todos los pecadores impenitentes y llevarlos a Él. Si no tiene ese poder, entonces no es soberano. Si tiene ese poder, ¿por qué no lo usa en todos?

El pensador no reformado suele responder diciendo que el hecho de que Dios imponga Su poder sobre personas que no lo desean es violentar la libertad del hombre. Violentar la libertad del hombre es pecado. Como Dios no puede pecar, no puede imponer unilateralmente Su gracia salvadora sobre pecadores que no la desean. Obligar al pecador a estar dispuesto cuando no lo está es violentar al pecador. La idea es que, al ofrecerle la gracia del evangelio, Dios hace todo lo posible para que el pecador sea salvo. Tiene la fuerza bruta necesaria para coaccionar a los seres humanos, pero usar esa fuerza sería contrario a la justicia de Dios.

Eso no consuela mucho al pecador que está en el infierno. El pecador en el infierno debe estar preguntando: «Dios, si realmente me amabas, ¿por qué no me obligaste a creer? Hubiera preferido que violentaras mi libre albedrío antes que estar aquí en este lugar de tormento eterno». De todos modos, los alegatos de los condenados no determinarían lo que es justo por parte de Dios si realmente fuera incorrecto que Dios se impusiera por sobre la voluntad humana. La pregunta que plantea el calvinista es: «¿Qué tiene de malo que Dios cree fe en el corazón del pecador?».

Dios no está obligado a pedirle permiso al pecador para hacer con él lo que le plazca. El pecador no pidió nacer en el país en que nació ni tener los padres que tuvo al nacer... ni siquiera pidió nacer. Tampoco pidió nacer con una naturaleza caída. Todas estas cosas fueron determinadas por la elección soberana de Dios. Si Dios es quien hace todas estas cosas que afectan el destino eterno del pecador, ¿qué puede haber de malo en que dé un paso más para asegurar su salvación? ¿Qué quiso decir Jeremías cuando clamó: «Me has persuadido, oh SEÑOR, y quedé persuadido» (Jr 20:7)? Indudablemente, Jeremías no invitó a Dios a persuadirlo.

La pregunta persiste: ¿Por qué salva Dios solo a algunos? Si aceptamos que Dios puede salvar a los hombres violentando su voluntad, ¿por qué no violenta la voluntad de todos y los lleva a la salvación? (no estoy usando la palabra «violentar» porque de verdad piense que exista una violación ilícita, sino porque los no calvinistas insisten en usar ese término).

La única respuesta que puedo dar a esa pregunta es que no lo sé. No tengo idea de por qué Dios salva a algunos y no a todos. No dudo ni por un momento que Dios tenga el poder para salvarlos a todos, pero sé que no decide hacerlo. No sé por qué.

Hay algo que sí sé. Si a Dios le complace salvar a algunos y no a todos, no hay nada malo en ello. Dios no tiene la obligación de salvar a nadie. Si elige salvar a algunos, eso no lo obliga en absoluto a salvar al resto. Reitero, la Biblia insiste en que Dios tiene la prerrogativa divina de tener misericordia de quien Él quiera tener misericordia.

El grito de protesta que el calvinista suele oír en este punto es: «¡Eso no es justo!». Pero ¿qué se entiende por justo aquí? Si entendemos que justo equivale a igualdad, entonces resulta obvio que la protesta es apropiada. Dios no trata a todas las personas de la misma forma. No puede haber nada más claro que eso en la Biblia. Dios se apareció a Moisés de un modo en que no se apareció a Hammurabi. Dios le dio bendiciones a Israel que no le dio a Persia. Cristo se le apareció a Pablo en el camino a Damasco de un modo en que no se manifestó ante Pilato. Sencillamente, Dios no ha tratado a todos los seres humanos de la historia exactamente de la misma manera. Eso es demasiado obvio.

Es probable que lo que se quiera decir por «justo» en esta protesta sea «imparcial». No parece imparcial que Dios elija a algunos para que reciban Su misericordia y que al mismo tiempo haya otros que no reciben esos beneficios. Para abordar este problema, debemos hacer una reflexión profunda pero muy importante. Supongamos que todos los hombres son culpables de haber pecado ante los ojos de Dios. Dios decide soberanamente tener misericordia de algunos miembros de esa masa de humanidad culpable. ¿Qué reciben los demás? Reciben justicia. Los salvados reciben misericordia y los no salvados reciben justicia. Nadie recibe injusticia.

La misericordia no es justicia. Pero tampoco es injusticia. Observa el siguiente gráfico:

JUSTICIA   NO JUSTICIA

MISERICORDIA
INJUSTICIA

Hay justicia y hay no justicia. La no justicia incluye todo lo que está fuera de la categoría de la justicia. En la categoría de la no justicia, encontramos dos subcategorías: la injusticia y la misericordia. La misericordia es una forma buena de no justicia, mientras la injusticia es una forma mala de no justicia. En el plan de salvación, Dios no hace nada malo. Él nunca comete injusticia. Algunas personas reciben justicia, que es lo que merecen, mientras otras reciben misericordia. Repito, el hecho de que alguien reciba misericordia no vuelve obligatorio que los demás también la reciban. Dios se reserva el derecho a indultar.

Como ser humano, yo puedo *preferir* que Dios les conceda Su misericordia a todos por igual, pero no puedo *exigirlo*. Si a Dios no le place dispensar Su misericordia salvadora a todos los seres humanos, debo someterme a Su decisión santa y justa. Dios nunca, nunca, nunca está obligado a ser misericordioso con los pecadores. Este es el punto que debemos enfatizar si queremos entender la gracia de Dios en toda su magnitud.

La verdadera pregunta es por qué Dios se inclina a ser misericordioso con algunos. Su misericordia no es obligatoria, pero Él la otorga libremente a Sus escogidos. Se la otorgó a Jacob como no se la otorgó a Esaú. Se la otorgó a Pedro como no se la otorgó a Judas. Debemos aprender a alabar a Dios tanto en Su misericordia como en Su justicia. Cuando ejecuta Su justicia, no está haciendo nada malo. Está ejecutando Su justicia conforme a Su rectitud (ver Ro 9:13-16).

La soberanía de Dios y la libertad humana

Todos los cristianos afirman con gusto que Dios es soberano. La soberanía de Dios es un consuelo para nosotros. Nos garantiza que Él es capaz de hacer lo que promete. Pero el mero hecho de que Dios sea soberano nos plantea otra gran pregunta: ¿Cómo se relaciona la soberanía de Dios con la libertad humana?

Cuando abordamos el problema de la soberanía divina y la libertad humana, puede que nos enfrentemos al dilema de «luchar o huir». Podemos tratar de luchar para encontrarle una solución lógica o dar media vuelta y huir lo más rápido que podamos.

Muchos elegimos huir. En la huida, tomamos diferentes rutas. La más común es la de solo decir que la soberanía divina y la libertad humana son contradicciones que debemos abrazar con valentía. Buscamos analogías que calmen nuestras mentes atribuladas.

Cuando estudiaba en la universidad, escuché dos analogías que me proporcionaron un alivio temporal como si fueran verdaderos antiácidos teológicos.

1ª analogía: «La soberanía de Dios y la libertad humana son como líneas paralelas que se encuentran en la eternidad».

2ª analogía: «La soberanía de Dios y la libertad humana son como las cuerdas en las que está amarrado el balde de un pozo. A primera vista, parecen estar separadas, pero se unen en la oscuridad del fondo».

La primera vez que escuché estas analogías me sentí aliviado. Sonaban sencillas y a la vez profundas. La idea de dos líneas paralelas que se encuentran en la eternidad me satisfacía. Me daba algo inteligente que decir si un escéptico empedernido me preguntara sobre la soberanía divina y la libertad humana.

Mi alivio fue temporal. Pronto necesité una dosis más fuerte de antiácidos. La acosadora pregunta se negaba a desaparecer. *¿Cómo es posible* —me preguntaba— *que las líneas paralelas se encuentren en la eternidad o en algún otro lugar?* Si las líneas se encuentran, en última instancia no son paralelas. Si de verdad son paralelas, jamás se encontrarán. Cuanto más pensaba en la analogía, más me daba cuenta de que no resolvía el problema. Decir que hay líneas paralelas que se encuentran en la eternidad es una afirmación absurda; es una flagrante contradicción.

No me gustan las contradicciones. Encuentro poco consuelo en estas. Nunca deja de sorprenderme cuán fácilmente los cristianos parecen sentirse cómodos con estas. Oigo afirmaciones como «¡Dios es más grande que la lógica!» o «¡La fe es más sublime que la razón!» para defender el uso de contradicciones en la teología.

Desde luego, concuerdo en que Dios es más grande que la lógica y que la fe es más sublime que la razón. Concuerdo en eso con todo mi corazón y con toda mi mente. Lo que quiero evitar es a un Dios más pequeño que la lógica y una fe inferior a la razón. Un Dios más pequeño que la lógica podría y tendría que ser destruido por la lógica. Una fe inferior a la razón sería irracional y absurda.

Supongo que, más que cualquier otro asunto, la tensión entre la soberanía divina y la libertad humana ha llevado a muchos cristianos a afirmar que las contradicciones son un componente legítimo de la fe. La idea es que la lógica no puede conciliar la soberanía divina con la libertad humana. Ambas desafían la armonía lógica. Como la Biblia enseña los dos polos de la contradicción, debemos estar dispuestos a afirmar ambos, aunque sean contradictorios.

¡Dios nos libre! Cuando los cristianos aceptan los dos polos de una contradicción flagrante, cometen suicidio intelectual y desprestigian al Espíritu Santo. El Espíritu Santo no es autor de confusión (ver 1 Co 14:33). Cuando Dios habla, no lo hace con doblez.

Si la libertad humana y la soberanía divina de verdad son contradictorias, entonces al menos una de estas tiene que desaparecer. Si la

Dios no es un Dios de confusión

soberanía excluye a la libertad y la libertad excluye a la soberanía, o bien Dios no es soberano o el hombre no es libre.

Afortunadamente, existe una alternativa. Podemos afirmar tanto la soberanía como la libertad si somos capaces de demostrar que no son contradictorias.

A nivel humano, vemos con facilidad que las personas de verdad pueden gozar de un cierto grado de libertad en un país gobernado por un monarca soberano. No es la libertad la que queda anulada por la soberanía; es *la autonomía* la que no puede coexistir con esta (ver Stg 4:12).

¿Qué es la autonomía? La palabra viene del prefijo *auto* y la raíz *nomos*. *Auto* significa 'por sí mismo'. Un automóvil es algo que se mueve por sí mismo. El adjetivo «automático» describe algo que actúa por sí mismo.

La raíz *nomos* es la palabra griega que significa 'ley'. Por lo tanto, la palabra *autonomía* significa 'ley propia'. Ser autónomos significa definir nuestra propia ley. Una criatura autónoma no sería responsable ante nadie. No tendría ningún gobernador, ni mucho menos un gobernador soberano. Es lógicamente imposible que un Dios soberano coexista con una criatura autónoma. Los dos conceptos son totalmente incompatibles. Pensar en su coexistencia sería como imaginarnos el encuentro entre un objeto inamovible y una fuerza irresistible. ¿Qué ocurriría? Si el objeto se moviera, ya no podría considerarse inamovible. Si no se moviera, la fuerza irresistible ya no sería irresistible.

Lo mismo ocurre con la soberanía y la autonomía. Si Dios es soberano, es imposible que el hombre sea autónomo. Si el hombre es autónomo, es imposible que Dios sea soberano. Estaríamos frente a una gran contradicción.

No es necesario ser autónomo para ser libre. La autonomía implica libertad *absoluta*. Nosotros somos libres, pero nuestra libertad tiene límites. El límite definitivo es la soberanía de Dios.

Una vez leí una declaración de un cristiano que decía: «La soberanía de Dios jamás puede restringir la libertad humana». ¡Imagínate a un filósofo cristiano haciendo esa afirmación! Es humanismo puro. ¿Acaso la ley de Dios no restringe la libertad humana? ¿No tiene Dios permiso para imponer límites sobre lo que yo puedo elegir? Dios no solo puede imponer límites morales sobre mi libertad, sino que además tiene todo el derecho de matarme en cualquier momento si es necesario para impedir que concrete mis malas decisiones. Si Dios no tiene derecho a coaccionar, no tiene derecho a gobernar Su creación.

Es mejor que invirtamos la afirmación: «La libertad humana jamás puede restringir la soberanía de Dios». En eso consiste la soberanía. Si la soberanía de Dios se ve restringida por la libertad del ser humano, Dios no es soberano; el ser humano lo es.

Dios es libre. Yo soy libre. Dios es más libre que yo. Si mi libertad entra en conflicto con la libertad de Dios, yo pierdo. Su libertad restringe la mía; mi libertad no restringe la Suya. Hay una analogía en la familia humana. Yo tengo libre albedrío. Mis hijos tienen libre albedrío. Cuando nuestras voluntades chocan, yo tengo la autoridad de invalidar sus voluntades. Sus voluntades deben estar subordinadas a la mía; mi voluntad no está subordinada a las suyas. Desde luego, no estoy hablando en términos absolutos en el nivel humano de la analogía.

A menudo se piensa que la soberanía divina y la libertad humana son contradictorias porque suenan contradictorias. Si queremos evitar confusiones irreconciliables, hay ciertas distinciones importantes que debemos marcar y aplicar con consistencia a esta pregunta.

Consideremos estas tres palabras de nuestro vocabulario que están tan relacionadas entre sí que suelen confundirse.

1. *contradicción*
2. *paradoja*
3. *misterio*

1. Contradicción. La ley lógica de la contradicción señala que nada puede ser lo que es y no ser lo que es al mismo tiempo y en la misma relación. Un hombre puede ser padre e hijo al mismo tiempo, pero no puede ser hombre y no ser hombre al mismo tiempo. Un hombre puede ser padre e hijo al mismo tiempo, pero no en la misma relación. Ningún hombre puede ser su propio padre. Incluso cuando hablamos de Jesús como el Dios-hombre, tenemos el cuidado de señalar que, aunque es Dios y hombre al mismo tiempo, no es Dios y hombre en la misma relación. Tiene una naturaleza divina y una naturaleza humana que no debemos confundir. Las contradicciones no pueden coexistir jamás, ni siquiera en la mente de Dios. Si los dos polos de una contradicción verdadera pudieran ser ciertos en la mente de Dios, entonces nada de lo que Dios nos ha revelado podría tener sentido. Si el bien y el mal, la justicia y la injusticia, la rectitud y la iniquidad, Cristo y el anticristo pudieran significar lo mismo en la mente de Dios, sería totalmente imposible que existiera alguna clase de verdad.

2. Paradoja. La paradoja es una contradicción aparente que se puede resolver con un análisis más detallado. He oído a maestros que afirman que la noción cristiana de la Trinidad es una contradicción. Simplemente no lo es. No viola ninguna ley de la lógica. Pasa la prueba objetiva de la ley de no contradicción. Dios es uno en *esencia* y tres en *persona*; eso no tiene nada de contradictorio. Si dijéramos que Dios es uno en esencia y tres en esencia, tendríamos una contradicción auténtica que nadie podría resolver. Entonces el cristianismo sería irremediablemente irracional y absurdo. La Trinidad es una paradoja, pero no una contradicción.

Para complicar aún más las cosas, hay otro término: *antinomia*. En su acepción principal, es sinónimo de la contradicción, pero en su acepción secundaria es sinónimo de la paradoja. Al examinar el vocablo, vemos que tiene la misma raíz que *autonomía*: *nomos*, que significa 'ley'. Aquí, el prefijo es *anti*, que significa 'contra' o 'en lugar de'. De esta manera, el significado literal del término *antinomia* es 'contra la ley'. ¿A cuál ley crees que se refiere? La ley de la no contradicción. El significado original del término era 'algo que viola la ley de no contradicción'. Por eso, originalmente y en el lenguaje filosófico común, la palabra *antinomia* es un equivalente exacto de *contradicción*.

La confusión se produce cuando la gente no usa el término *antinomia* para referirse a una contradicción auténtica, sino a una paradoja o contradicción aparente. Recordemos que la paradoja es una afirmación que parece ser contradictoria, pero en realidad no lo es. Especialmente en Gran Bretaña, la palabra *antinomia* suele usarse como sinónimo de paradoja.

Hago estas pequeñas distinciones por dos razones. La primera es que, si queremos evitar la confusión, debemos tener una idea clara en nuestra mente de la diferencia crucial entre una contradicción verdadera y una contradicción aparente. Es la diferencia entre la racionalidad y la irracionalidad, entre lo verdadero y lo absurdo.

La segunda razón por la que es necesario exponer claramente estas definiciones es que uno de los mayores defensores de la doctrina de la predestinación en nuestro mundo actual ha usado el término *anti-nomia*. Estoy pensando en el extraordinario teólogo J.I. Packer. El Dr. Packer ha ayudado a multitudes incontables de personas a comprender en mayor profundidad el carácter de Dios, especialmente con relación a Su soberanía.

Nunca he hablado con el Dr. Packer sobre su uso del término *anti-nomia*. Supongo que lo utiliza en el sentido británico, que equivale a *paradoja*. No puedo imaginar que pretenda decir que hay contradicciones reales en la Palabra de Dios. De hecho, en su libro *El evangelismo y la soberanía de Dios*, recalca el punto de que no hay contradicciones definitivas en la verdad de Dios. El Dr. Packer no solo ha sido incansable al defender la teología cristiana, sino que ha sido igual de incansable al defender con brillantez la inerrancia de la Biblia. Si la Biblia contuviera antinomias en el sentido de contradicciones reales, allí terminaría la inerrancia.

Por cierto, algunas personas sostienen que hay contradicciones reales en la verdad divina. Creen que la inerrancia es compatible con estas. En tal caso, la inerrancia significaría que la Biblia revela inerrantemente las contradicciones de la verdad de Dios sin error. Desde luego, una breve reflexión bastaría para dejar en evidencia que, si la verdad de Dios es una verdad contradictoria, no es verdad en absoluto. De hecho, la palabra misma, *verdad*, quedaría desprovista de sentido. Si las contradicciones pudieran ser ciertas, no podría haber forma de discernir la diferencia entre la verdad y la mentira. Por eso, estoy convencido de que el Dr. Packer usa el término *antinomia* para referirse a una paradoja y no a una contradicción.

3. Misterio. El término *misterio* alude algo que es verdad, pero que no comprendemos. Por ejemplo, la Trinidad es un misterio. No puedo penetrar en el misterio de la Trinidad o de la encarnación de Cristo con mi mente débil. Esas verdades son demasiado elevadas para mí. Sé que Jesús era una persona con dos naturalezas, pero no entiendo cómo eso es posible. Lo mismo ocurre en el ámbito natural. ¿Quién comprende la naturaleza de la gravedad, o incluso del movimiento? ¿Quién ha indagado en el misterio último de la vida? ¿Qué filósofo ha sondeado las profundidades del significado del yo humano? Estos son misterios. No son contradicciones.

Es fácil confundir el misterio y la contradicción. No entendemos ninguno de los dos. Nadie entiende las contradicciones porque son intrínsecamente ininteligibles. Ni siquiera Dios puede entender una contradicción. Las contradicciones son absurdas. Nadie puede darles sentido.

Los misterios pueden ser comprendidos. El Nuevo Testamento nos revela cosas que estaban ocultas y no se entendían en los tiempos del Antiguo Testamento. Hay cosas que antes eran misteriosas para nosotros y ahora las comprendemos. Eso no significa que todo lo que actualmente es un misterio para nosotros vaya a aclararse algún día, pero sí que muchos de los misterios actuales nos serán revelados. Algunos serán descifrados en este mundo. Todavía no hemos llegado a los límites del descubrimiento humano. También sabemos que en el cielo nos serán reveladas cosas que siguen ocultas. Pero ni siquiera en el cielo comprenderemos plenamente el significado de la infinitud. Sería necesario que nosotros mismos fuéramos infinitos para comprenderlo plenamente. Dios puede comprender la infinitud, pero no porque opere sobre la base de una especie de sistema lógico celestial, sino porque Él mismo es infinito. Él tiene una perspectiva infinita.

Permíteme expresarlo de otra manera: todas las contradicciones son misteriosas, pero no todos los misterios son contradicciones. En el cristianismo hay mucho espacio para los misterios (ver Dt 29:29). Sin embargo, no hay espacio para las contradicciones. Los misterios pueden ser ciertos. Las contradicciones nunca pueden ser ciertas, ni aquí en nuestra mente ni en la mente de Dios.

La gran pregunta sigue en pie. El gran debate que hace arder el caldero de la controversia se centra en esta interrogante: «¿qué hace la predestinación con nuestro libre albedrío?».

Analizaremos esta pregunta en el próximo capítulo.

Resumen del capítulo 2

1. Definición de la predestinación.
   «La predestinación significa que nuestro destino final, el cielo o el infierno, es decidido por Dios antes de que nazcamos».
2. La soberanía de Dios.
   Dios es la autoridad suprema del cielo y de la tierra.
3. Dios es el poder supremo.
   Todas las demás autoridades y poderes están sujetos a Dios.
4. Si Dios no es soberano, no es Dios.
5. Dios ejerce Su soberanía de tal manera que no hace nada malo ni violenta la libertad humana.
6. El primer pecado del hombre es un misterio. El hecho de que Dios permitiera que el hombre pecara no habla mal de Dios.
7. Todos los cristianos se enfrentan a la difícil pregunta de por qué Dios, que en teoría podría salvar a todas las personas, elige salvar a algunas, pero no a todas.
8. Dios no le debe la salvación a nadie.

9. La misericordia de Dios es voluntaria. Él no está obligado a ser misericordioso. Se reserva el derecho de tener misericordia de quien quiera tenerla.

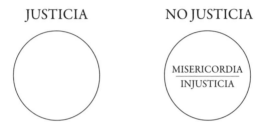

10. La soberanía de Dios y la libertad del hombre no son contradictorias.

Para estudio adicional

Ustedes pensaron hacerme mal, pero *Dios lo cambió en bien para que sucediera como* vemos *hoy, y se preservara la vida de mucha gente* (Gn 50:20).

Ya que sus días están determinados,
El número de sus meses te es conocido,
*Y has fijado sus límites para que no pueda pasar*los (Job 14:5).

Tus ojos vieron mi embrión,
Y en Tu libro se escribieron todos
Los días que me *fueron dados,*
Cuando no existía *ni uno solo de ellos* (Sal 139:16).

La mente del hombre planea su camino,
Pero el SEÑOR dirige sus pasos (Pr 16:9).

La suerte se echa en el regazo,
Pero del SEÑOR viene toda decisión (Pr 16:33).

Acuérdense de las cosas anteriores ya pasadas,
Porque Yo soy Dios, y no hay otro;
Yo soy Dios, y no hay ninguno como Yo,
Que declaro el fin desde el principio,
Y desde la antigüedad lo que no ha sido hecho.
Yo digo: «Mi propósito será establecido,
Y todo lo que quiero realizaré».
Yo llamo del oriente un ave de rapiña,
Y de tierra lejana al hombre de Mi propósito.
En verdad he hablado, y ciertamente haré que suceda;
Lo he planeado, así lo haré (Is 46:9-11).

¿Qué diremos entonces? ¿Qué hay injusticia en Dios? ¡De ningún modo! Porque Él dice a Moisés: «TENDRÉ MISERICORDIA DEL QUE YO TENGA MISERICORDIA, Y TENDRÉ COMPASIÓN DEL QUE YO TENGA COMPASIÓN». Así que no depende del que quiere ni del que corre, sino de Dios que tiene misericordia (Ro 9:14-16).

Capítulo 3

La predestinación y el libre albedrío

La predestinación parece ensombrecer la esencia de la libertad humana. La idea de que Dios ha decidido nuestros destinos desde la eternidad sugiere con fuerza que nuestras decisiones libres no son más que una farsa, la actuación vacía de una obra predeterminada. Es como si Dios nos hubiera escrito el guion en piedra y nosotros simplemente estuviéramos ejecutando lo que Él ideó.

Para entender la enigmática relación entre la predestinación y el libre albedrío, debemos empezar por definir el libre albedrío. Esa definición por sí sola es objeto de mucho debate. Probablemente, la definición más común dice que *el libre albedrío es la capacidad de tomar decisiones sin contar previamente con ningún prejuicio, inclinación o disposición.* Para que el albedrío sea libre, debe actuar desde una postura de neutralidad, sin absolutamente ningún prejuicio.

A primera vista, esta definición es muy atractiva. No contiene elementos de coerción interna ni externa. Sin embargo, bajo la superficie se esconden dos problemas graves. Por un lado, si tomamos decisiones desde una posición estrictamente neutral, sin ninguna inclinación previa, tomamos decisiones sin ningún *motivo*. Si no tenemos ningún motivo para tomar nuestras decisiones, si nuestras decisiones son totalmente espontáneas, entonces no tienen ningún valor moral. Si las decisiones solo ocurren —si simplemente surgen sin ton ni son—, no podemos juzgarlas como buenas o malas. Cuando Dios evalúa nuestras decisiones, le importan nuestros motivos.

Considera el caso de José y sus hermanos. Cuando los hermanos de José lo vendieron como esclavo, la providencia de Dios estaba en acción. Años después, cuando José se reencontró con sus hermanos en Egipto, les dijo: «Ustedes pensaron hacerme mal, *pero* Dios lo cambió en bien» (Gn 50:20). Aquí los motivos fueron el factor decisivo que determinó si la acción era buena o mala. La intervención de Dios en el dilema de José fue buena; la de los hermanos fue mala. Hubo una razón por la que los hermanos de José lo vendieron como esclavo. Tenían una motivación malvada. Su decisión no fue espontánea ni neutral. Estaban celosos de su hermano. Su decisión de venderlo fue motivada por sus malos deseos.

El segundo problema al que se enfrenta esta opinión popular es más bien racional que moral. Si no hay ninguna inclinación, ningún deseo ni ninguna tendencia previa, si no hay ninguna razón previa para tomar una decisión, ¿cómo es posible tomarla? Si la voluntad es totalmente neutral, ¿por qué escogería la derecha o la izquierda? Ocurriría algo parecido al problema que encontró Alicia cuando llegó a una bifurcación del camino en el País de las Maravillas. No sabía qué dirección tomar. Vio al Gato Sonriente en el árbol y le preguntó: «Por favor, ¿podrías decirme qué camino debo tomar desde aquí?». El Gato respondió: «Eso depende mucho de adónde quieras llegar». Pero Alicia le dijo: «No me importa mucho adónde...». «Entonces», dijo el Gato, «no importa el camino que tomes».

Considera el dilema de Alicia. En realidad, tenía cuatro opciones para elegir: Podía tomar el camino de la izquierda o el de la derecha; también podía elegir volver por donde había venido; o podía permanecer parada en ese punto de indecisión hasta morir. Para dar un paso en cualquier dirección, necesitaba una razón o inclinación para hacerlo (la cual, en este caso, era ir en cualquier dirección que la llevara a «algún lugar»). Sin ninguna razón, ninguna inclinación previa, su única opción real era quedarse allí y morir.

Otra ilustración famosa del mismo problema se encuentra en la historia de la mula de voluntad neutral. La mula no tenía deseos previos, o deseaba con la misma intensidad ir en cualquiera de las dos direcciones. Su dueño puso frente a ella un cesto de avena a la izquierda y otro de trigo a la derecha. Si la mula no hubiera tenido ningún deseo de comer avena ni de comer trigo, no habría elegido ninguno de los cestos y se habría muerto de hambre. Si hubiera tenido exactamente la misma disposición hacia la avena que hacia el trigo, también se habría muerto de hambre. Su igual disposición la habría dejado paralizada. No habría tenido motivación. Sin motivación, no habría tomado ninguna decisión. Si no hubiera tomado ninguna decisión, no habría comido. Si no hubiera comido, muy pronto no habría habido mula.

No debemos rechazar la teoría de la voluntad neutral solo porque es irracional, sino también porque, como veremos más adelante, es radicalmente antibíblica.

Los filósofos cristianos nos han dado dos definiciones muy importantes del libre albedrío. Partiremos considerando la definición que ofrece Jonathan Edwards en su obra clásica *La libertad de la voluntad*.

Edwards definió la voluntad como «la elección mental». Antes de que podamos tomar decisiones morales, debemos tener una alguna idea de qué es lo que estamos eligiendo. Nuestra selección se basa entonces en lo que la mente aprueba o rechaza. Nuestro entendimiento de los valores tiene un papel crucial en nuestra toma de decisiones. Mis inclinaciones y motivaciones, así como mis propias decisiones, son moldeadas por mi mente. Repito, si la mente no está involucrada, la decisión se toma sin ningún motivo y sin ninguna razón. Por ende, es un acto arbitrario y sin valor moral. El instinto y la elección son dos cosas diferentes.

La segunda definición del libre albedrío es «la capacidad de elegir lo que queramos». Se basa en el importante fundamento del deseo humano. Tener libre albedrío es poder elegir según nuestros deseos. Aquí, el deseo desempeña el papel vital de proporcionar una motivación o una razón para tomar la decisión.

Ahora viene lo complicado. Según Edwards, el ser humano no solo es libre de elegir lo que desea, sino que *debe* elegir lo que desea para poder elegir. Esto es lo que yo llamo *la Ley de la Elección de Edwards*: «La voluntad siempre escoge según su inclinación más fuerte del momento». Esto significa que toda elección es libre *y* toda elección está determinada.

Te dije que era complicado. Parece una contradicción rotunda decir que toda elección es libre y, al mismo tiempo, toda elección está determinada. Sin embargo, en este contexto, la palabra «determinada» no significa que una fuerza externa coaccione la voluntad. Más bien, se refiere a nuestra motivación o deseo interno. En resumen, la ley es esta: nuestras decisiones están determinadas por nuestros deseos. Siguen siendo nuestras decisiones porque están motivadas por nuestros propios deseos. Esto es lo que llamamos *autodeterminación*, que es la esencia de la libertad.

Piensa un momento en tus propias decisiones. ¿Cómo y por qué las tomas? En este mismo instante, estás leyendo las páginas de este libro. ¿Por qué? ¿Tomaste este libro porque te interesa el tema de la predestinación y deseas saber más sobre este asunto complejo? Tal vez. O quizá te asignaron la lectura de este libro como tarea. Tal vez estés pensando: «No tengo absolutamente ningún deseo de leer esto. Tengo que leerlo, lo estoy haciendo a regañadientes para cumplir la voluntad de otra persona que quiere que lo lea. En condiciones normales, jamás elegiría leer este libro».

Pero no estás en condiciones normales, ¿verdad? Incluso si estás leyendo este libro por una especie de deber o para cumplir una exigencia, tuviste que tomar la decisión de cumplir o no cumplir la exigencia. Obviamente, decidiste que era mejor o preferible leer este libro en lugar de dejarlo sin leer. De eso estoy seguro; de lo contrario, no estarías leyéndolo ahora mismo.

Cada decisión que tomas, la tomas por un motivo. La próxima vez que entres a un lugar público y elijas un asiento (en un cine, una sala de clases o el auditorio de una iglesia), pregúntate por qué te sientas donde te sientas. Tal vez es el único asiento disponible y prefieres sentarte antes que estar de pie. Tal vez descubrirás que surge un patrón casi inconsciente en tus elecciones de asiento. Tal vez descubrirás que, siempre que es posible, te sientas en la parte delantera o trasera de la sala. ¿Por qué? Quizá tiene que ver con tu vista. Tal vez eres tímido o sociable. Puede que pienses que no hay ningún motivo por el que te sientes donde te sientas, pero el asiento que elijas siempre será escogido por tu inclinación más fuerte en el momento de la decisión. Esa inclinación puede ser el simple hecho de que el asiento más cercano a ti está libre y no te gusta recorrer distancias largas para encontrar un lugar donde sentarte.

La toma de decisiones es un asunto complejo porque las opciones que encontramos suelen ser variadas y múltiples. A esto súmale que somos criaturas con deseos variados y múltiples. Tenemos motivaciones distintas, muchas veces incluso contradictorias.

Considera el caso de los barquillos de helado. Sí que tengo problemas con los barquillos de helado y los *sundaes*. Me encanta el helado. Si es posible volverse adicto al helado, entonces deben clasificarme como uno. Tengo al menos siete kilos de sobrepeso y estoy seguro de que, por lo menos, nueve de los kilos que componen mi cuerpo están ahí por culpa del helado. El helado me demuestra la veracidad de los adagios que dicen: «Un segundo en los labios; toda una vida en las caderas» y «El que gustos se da, también se abultará». Por culpa del helado, tengo que comprar camisas más anchas de lo normal.

Ahora bien, obviamente me gustaría tener un cuerpo delgado y estilizado. No me gusta tener que meterme en mis trajes con dificultad y que las viejitas me den palmadas en la barriga. Para algunos pareciera irresistible la tentación de dar palmaditas en la barriga. Sé lo que tengo que hacer para deshacerme de esos kilos de más. Tengo que dejar de comer helado. Así que me pongo a dieta. Me pongo a dieta porque quiero ponerme a dieta. Quiero bajar de peso. Deseo verme mejor. Todo va bien hasta que alguien me invita a la heladería Swenson's. Swenson's hace los mejores «*Super Sundaes*» del mundo. Sé que no debería ir a Swenson's. Pero me gusta ir a Swenson's. Cuando llega el momento de la decisión, me enfrento a deseos contradictorios. Tengo el deseo de ser delgado y tengo el deseo de comerme un *Super Sundae*. El deseo que sea mayor en el momento de la decisión es el que escogeré. Así de sencillo.

Siempre escogemos según la inclinación más intensa que tenemos en el momento. Ni siquiera la coacción externa puede quitarnos la libertad por completo. La coacción conlleva ejercer un cierto tipo de fuerza que les impone a las personas decisiones que no escogerían por sí solas. Indudablemente, no tengo ningún deseo de pagar el impuesto a la renta que el gobierno me obliga a pagar. Puedo negarme a pagarlo, pero las consecuencias son más indeseables que pagarlos. Al amenazarme con cárcel, el gobierno puede imponerme su voluntad de que pague los impuestos.

También considera el caso de un robo a mano armada. Un asaltante se me acerca y me dice: «El dinero o la vida». Acaba de limitar mis opciones a dos. En condiciones normales, no tendría ni el más mínimo deseo de donarle mi dinero. Hay organizaciones benéficas mucho más dignas que él. Pero, de repente, mis deseos han cambiado como consecuencia de su coacción externa. Está usando la fuerza para provocar ciertos deseos en mí. Ahora debo elegir entre mi deseo de vivir y mi deseo de darle mi dinero. Es mejor que le dé el dinero porque si me mata, se lo llevará de todos modos. Algunas personas pueden optar por negarse y decir: «Prefiero morir antes que entregarle mi dinero a este asaltante. Tendrá que quitárselo a mi cadáver».

En cualquier caso, se toma una decisión que se hace según la inclinación más fuerte del momento. Si puedes, piensa en alguna elección que hayas hecho sin seguir la inclinación más intensa que tenías en el momento de la decisión. ¿Qué del pecado? Todos los cristianos tienen un cierto deseo de obedecer a Cristo en el corazón. Amamos a Cristo y queremos agradarle. Sin embargo, todo cristiano peca. La dura realidad es que, en el momento en que pecamos, nuestro deseo de pecar es más intenso que nuestro deseo de obedecer a Cristo. Si siempre deseáramos más obedecer a Cristo que lo que deseamos pecar, nunca pecaríamos.

¿Acaso el apóstol Pablo no enseña lo contrario? ¿No nos habla de una situación en la que él actúa en contra de sus deseos? Dice en Romanos: «Pues no hago el bien que deseo, sino el mal que no quiero, eso practico» (Ro 7:19). Aquí pareciera que, bajo la inspiración de Dios Espíritu Santo, Pablo está enseñando claramente que hay momentos en los que actúa en contra de su inclinación más fuerte.

Es sumamente improbable que el apóstol aquí nos esté revelando el funcionamiento técnico de la voluntad. Más bien, está afirmando con claridad lo que todos hemos experimentado. Todos tenemos el deseo de huir del pecado. Lo que Pablo tiene en mente aquí es el síndrome de la «igualdad de condiciones». En igualdad de condiciones, me gustaría ser perfecto. Me gustaría librarme del pecado, tal como me gustaría librarme de mi peso extra. Pero mis deseos no son constantes. Fluctúan. Cuando tengo el estómago lleno, me es fácil ponerme a dieta. Cuando tengo el estómago vacío, el nivel de mis deseos cambia. Las tentaciones surgen con el cambio de mis deseos y apetitos. Entonces hago cosas que, en igualdad de condiciones, no querría hacer.

Pablo nos presenta el conflicto muy real de los deseos humanos, deseos que dan lugar a malas decisiones. El cristiano vive en un campo de batalla de deseos opuestos. El crecimiento cristiano involucra el fortalecimiento de los deseos de agradar a Cristo y el debilitamiento de los deseos de pecar. Pablo llamó a esto la guerra entre la carne y el Espíritu (ver Gá 5:17).

Decir que siempre elegimos según nuestra inclinación más intensa del momento es decir que siempre elegimos lo que queremos. Somos libres y autodeterminados en cada punto decisivo. Ser autodeterminados no es lo mismo que plantea el determinismo. El determinismo implica que estamos obligados o coaccionados a hacer cosas por fuerzas externas. Como hemos visto, las fuerzas externas pueden limitar drásticamente nuestras opciones, pero no pueden eliminar la decisión por completo. No pueden imponernos placer por las cosas que odiamos. Cuando ocurre eso, cuando el odio se transforma en deleite, se trata de persuasión, no de coacción. No puedo ser forzado a hacer lo que ya me deleito en hacer.

La visión del libre albedrío neutral es imposible. Implica que existen elecciones sin deseo. Eso es como tener un efecto sin causa. Es algo que sale de la nada, lo cual es irracional. La Biblia deja claro que elegimos según nuestros deseos. Los deseos malvados producen decisiones malvadas y acciones malvadas. Los deseos piadosos producen actos piadosos. Jesús habló de árboles malos que producen frutos malos. La higuera no produce manzanas y el manzano no produce higos. De igual manera, los deseos justos producen decisiones justas y los deseos malvados producen decisiones malvadas (ver Stg 3:11-12).

Capacidad moral y natural

Jonathan Edwards hizo otra distinción que resulta útil para comprender el concepto bíblico del libre albedrío. Distinguió entre la *capacidad natural* y la *capacidad moral*. La capacidad natural tiene que ver con las facultades que recibimos como seres humanos naturales. Como ser humano, tengo la capacidad natural de pensar, caminar, hablar, ver, oír y, sobre todo, tomar decisiones. Hay algunas capacidades naturales que no tengo. Otras criaturas tienen la capacidad de volar sin ayuda de máquinas. Yo no tengo esa capacidad natural. Puedo querer elevarme por el aire como Supermán, pero no tengo esa capacidad. La razón por la que no puedo volar no es una deficiencia moral de mi carácter, sino que mi Creador no me ha dado el equipamiento natural necesario para volar. No tengo alas.

La voluntad es una capacidad natural que nos ha sido dada por Dios. Tenemos todas las capacidades naturales necesarias para tomar decisiones. Tenemos una mente y tenemos una voluntad. Tenemos la capacidad natural de elegir lo que deseamos. Entonces ¿cuál es nuestro problema? Según la Biblia, la ubicación de nuestro problema es clara. Es la naturaleza de nuestros deseos. Este es el punto central de nuestra condición caída. La Escritura afirma que el corazón del hombre caído alberga constantemente deseos que solo son perversos (ver Gn 6:5).

La Biblia tiene mucho que decir sobre el corazón del ser humano. En la Escritura, el corazón no designa tanto el órgano que bombea la sangre por todo el cuerpo, sino más bien el núcleo de nuestro ser, la ubicación más profunda de los afectos humanos. Jesús veía una relación estrecha entre la ubicación de los tesoros del hombre y los deseos de su corazón. Si encuentras el mapa del tesoro de un hombre, tienes la ruta directa a su corazón (ver Mt 12:35).

Edwards afirmó que el problema que el ser humano tiene con el pecado radica en su capacidad moral o en la carencia de esta. Antes de que alguien pueda tomar una decisión que agrade a Dios, debe tener el deseo de agradar a Dios. Antes de que podamos encontrar a Dios, debemos desear buscarlo. Antes de que podamos elegir el bien, debemos tener deseo por el bien. Antes de que podamos elegir a Cristo, debemos tener deseo por Cristo. La esencia de todo el debate sobre la predestinación radica precisamente en este punto: ¿Tiene el hombre caído, en sí mismo, un deseo natural por Cristo?

Edwards responde esa pregunta con un rotundo «¡no!». Insiste en que, en la caída, el hombre perdió su deseo original por Dios. Cuando perdió ese deseo, algo le ocurrió a su libertad. Perdió la capacidad moral de elegir a Cristo. Antes de elegir a Cristo, el pecador debe tener el deseo de elegir a Cristo. O bien ya tiene ese deseo en su interior o debe recibir ese deseo de Dios. Edwards y todos los que adoptan la postura reformada de la predestinación concuerdan en que, si Dios no implanta ese deseo en el corazón humano, nadie nunca elegirá libremente a Cristo por sí mismo. Todos rechazarán el evangelio en todo tiempo y lugar, precisamente porque no desean el evangelio. Rechazarán a Cristo en todo tiempo y lugar porque no desean a Cristo. Rechazarán a Cristo libremente en el sentido de que actuarán según sus deseos.

No estoy tratando de demostrar la veracidad de la postura de Edwards en este momento. Para eso, es necesario examinar con cuidado el punto de vista bíblico de la capacidad o incapacidad moral del ser humano, que es lo que haremos más adelante. También debemos responder esta pregunta: «si el hombre carece de la capacidad moral de elegir a Cristo, ¿cómo es posible que Dios lo responsabilice por elegir a Cristo? Si el hombre nace en un estado de incapacidad moral, sin ningún deseo por Cristo, ¿acaso no es culpa de Dios que el hombre no elija a Cristo?». Una vez más, le pido paciencia al lector y prometo que pronto retomaré estas preguntas tan importantes.

La visión agustiniana de la libertad

Edwards hizo una distinción crucial entre la capacidad natural y la capacidad moral, pero Agustín hizo una distinción similar antes que él. Agustín abordó el problema diciendo que el hombre caído tiene *libre albedrío,* pero carece de *libertad.* A primera vista, parece una distinción extraña. ¿Cómo es posible que alguien tenga libre albedrío y no tenga libertad?

Agustín estaba apuntando a lo mismo que Edwards. El hombre caído no ha perdido su capacidad de elegir. El pecador sigue siendo capaz de decidir lo que quiere; sigue siendo capaz de actuar según sus deseos. Sin embargo, como sus deseos son corruptos, no tiene la libertad verdadera de los que han sido liberados para justicia. El hombre caído se encuentra en un grave estado de esclavitud moral. Ese estado de esclavitud se llama *pecado original*.

El pecado original es un tema muy espinoso que prácticamente todas las denominaciones cristianas han tenido que abordar. La caída del hombre se enseña tan claramente en las Escrituras que no podemos forjar una visión del ser humano sin tomarla en consideración. Hay pocos cristianos, si es que hay alguno, que sostengan que el hombre no es una criatura caída. Si no reconocemos que somos caídos, no podemos reconocer que somos pecadores. Si no reconocemos que somos pecadores, difícilmente podremos acudir a Cristo como nuestro Salvador. Admitir nuestra caída es un requisito previo para acudir a Cristo.

Es posible admitir que somos caídos sin adoptar una doctrina sobre el pecado original, pero tendremos serias dificultades en el proceso. No es casualidad que casi todas las denominaciones cristianas hayan formulado una doctrina del pecado original.

En este punto, hay muchísimos cristianos que discrepan. Estamos de acuerdo en que debemos tener una doctrina sobre el pecado original, pero sigue habiendo un gran desacuerdo en cuanto al concepto y el alcance de ese pecado.

Comencemos diciendo lo que no es el pecado original. El pecado original no es el primer pecado. El pecado original no se refiere específicamente al pecado de Adán y Eva. El pecado original se refiere al *resultado* del pecado de Adán y Eva. El pecado original es el castigo que Dios imparte por el primer pecado. Es algo así: Adán y Eva pecaron. Ese es el primer pecado. Como resultado de su pecado, la humanidad quedó sumida en la ruina moral. La naturaleza humana sufrió una caída moral. Las cosas cambiaron para nosotros después de que se cometiera el primer pecado. La raza humana se corrompió. Esta corrupción posterior es lo que la iglesia denomina pecado original.

El pecado original no es una acción pecaminosa específica. Es una *condición* de pecado. El pecado original alude a una naturaleza pecaminosa de la que surgen acciones pecaminosas específicas. Reitero, nosotros pecamos porque nuestra naturaleza es pecar. La naturaleza original del hombre no era pecar, después de la caída, su naturaleza moral cambió. Ahora, a causa del pecado original, tenemos una naturaleza caída y corrupta.

El hombre caído, como declara la Biblia, nace en pecado. Está «bajo» el pecado. Por naturaleza, somos hijos de ira. No nacemos en un estado de inocencia (ver Sal 51:5; Ef 2:3).

En una ocasión, John Gerstner fue invitado a predicar en una iglesia presbiteriana local. Fue recibido en la puerta por los ancianos de la iglesia, quienes le explicaron que el orden del culto de ese día requería la administración del sacramento del bautismo infantil. El Dr. Gerstner aceptó realizar el servicio. Entonces, uno de los ancianos le explicó una tradición especial de esa iglesia. Le pidió al Dr. Gerstner que les entregara una rosa blanca a los padres del niño antes del bautismo. El Dr. Gerstner preguntó qué significaba la rosa blanca. El anciano respondió: «Entregamos la rosa blanca para simbolizar la inocencia del niño ante Dios».

«Ya veo», contestó el Dr. Gerstner. «¿Y qué simboliza el agua?».

Imagínate lo consternado que quedó el anciano cuando intentó explicar el propósito simbólico de lavar el pecado de un bebé inocente. La confusión de esta congregación no es única. Cuando reconocemos que los bebés no son culpables de haber cometido actos específicos de pecado, es fácil que nos precipitemos a concluir que, por consiguiente, son inocentes. Teológicamente hablando, eso es como lanzarse sobre un montón de espadas. Aunque el bebé sea inocente de cometer actos específicos de pecado, sigue siendo culpable del pecado original.

Para entender la visión reformada de la predestinación, es esencial entender la visión reformada del pecado original. Están tan entrelazadas que si una sigue en pie, la otra también sigue en pie, y si una cae, la otra también cae.

La visión reformada sigue el pensamiento de Agustín. Agustín explica claramente el estado de Adán antes de la caída y el estado de la humanidad después de la caída. Antes de la caída, Adán tenía dos posibilidades: era capaz de pecar y era capaz de no pecar. Después de la caída, Adán era capaz de pecar e incapaz de no pecar. La idea de ser «incapaz de no pecar» nos resulta un poco confusa porque conlleva una doble negación. La fórmula latina de Agustín era *non posse non peccare*. Dicho de otro modo, significa que, después de la caída, el hombre era moralmente incapaz de vivir sin pecado. La capacidad de vivir sin pecado se perdió en la caída. Esta incapacidad moral es la esencia de lo que llamamos pecado original.

Cuando nacemos de nuevo, somos librados de nuestra esclavitud al pecado. Después de ser vivificados en Cristo, volvemos a tener la capacidad de pecar y la capacidad de no pecar. En el cielo, seremos incapaces de pecar.

Veamos esto en un gráfico:

El hombre antes de la caída	El hombre después de la caída	El hombre nacido de nuevo	El hombre glorificado
capaz de pecar	capaz de pecar	capaz de pecar	
capaz de no pecar		capaz de no pecar	capaz de no pecar
	incapaz de no pecar		
			incapaz de pecar

La tabla muestra que el ser humano es capaz de pecar antes de la caída, después de la caída y después de nacer de nuevo. Antes de la caída, era capaz de no pecar. Esta capacidad, la de no pecar, se perdió en la caída, se restaura cuando la persona nace de nuevo y continúa en la eternidad. En la creación, el hombre no sufría de incapacidad moral. La incapacidad moral es resultado de la caída. Dicho de otro modo, antes de la caída el hombre era capaz de abstenerse de pecar; después de la caída, el hombre ya no es capaz de abstenerse de pecar. Esto es lo que denominamos pecado original. Esta incapacidad o esclavitud moral es superada por el nuevo nacimiento espiritual. El nuevo nacimiento nos libra del pecado original. Antes del nuevo nacimiento, seguimos teniendo libre albedrío, pero no tenemos la liberación del poder del pecado que Agustín llamaba «libertad».

La persona que ha nacido de nuevo aún puede pecar. La capacidad de pecar no se elimina hasta que somos glorificados en el cielo. Tenemos la capacidad de pecar, pero ya no estamos bajo la esclavitud del pecado original. Hemos sido liberados. Obviamente, esto no significa que ahora vivamos vidas perfectas. Seguimos pecando. Pero nunca podemos decir que pecamos porque eso es todo lo que nuestra naturaleza caída tiene la facultad de hacer.

La visión de Jesús sobre la capacidad moral

Hemos hecho un breve esbozo de las posturas de Jonathan Edwards y Agustín sobre el tema de la incapacidad moral. Creo que ambas son útiles y también estoy convencido de que son correctas. Sin embargo, aunque tienen autoridad como grandes teólogos, ninguno de estos hombres puede exigirnos que nos sometamos completamente a sus enseñanzas. Ambos son falibles. Para el cristiano, la enseñanza de Jesús es algo totalmente diferente. Si Jesús de verdad es el Hijo de Dios, la enseñanza de Cristo debe obligar nuestras conciencias y las de todas las demás personas. Su enseñanza sobre el tema de la capacidad moral del ser humano es definitiva.

Una de las enseñanzas más importantes de Jesús sobre este asunto se encuentra en el evangelio de Juan: «Por eso les he dicho que nadie puede venir a Mí si no se lo ha concedido el Padre» (Jn 6:65).

Analicemos detenidamente este versículo. El primer elemento de esta enseñanza es una *negación universal*. La palabra «nadie» lo incluye todo. No admite ninguna excepción fuera de las que añade Jesús. La palabra que sigue es crucial. Es el vocablo *puede*. Tiene que ver con capacidad, no con permiso.

¿Hay alguien que en la escuela nunca haya sido corregido por su maestro al confundir las ideas de *tener la capacidad* para hacer algo y *estar autorizado* para hacerlo? Yo tenía una profesora que nunca perdía la oportunidad de enfatizar ese punto. Cuando yo levantaba la mano y preguntaba: «¿Puedo sacarle punta al lápiz?», la respuesta era siempre la misma. Me sonreía y decía: «De poder, *puedes*. Además, te doy *permiso* para sacarle punta al lápiz». El verbo *poder* denota capacidad, pero también el concepto de estar autorizado para hacer algo.

Jesús no está diciendo en este pasaje: «nadie está autorizado para venir a Mí...», sino: «nadie *tiene la capacidad* de venir a Mí».

Las próximas palabras del pasaje también son vitales. La frase «si no» se refiere a lo que llamamos una *condición necesaria*. Una *condición necesaria* es algo que debe ocurrir antes de que pueda ocurrir otra cosa.

El significado de las palabras de Jesús es claro. Ningún ser humano puede venir a Cristo a menos que ocurra algo que haga posible que venga. Esa condición necesaria que Jesús señala es que se lo haya concedido el Padre. Jesús está diciendo aquí que la capacidad de venir a Él es un don de Dios. El hombre no tiene en sí mismo la capacidad de venir a Cristo. Dios debe hacer algo primero.

El pasaje enseña por lo menos una cosa: el hombre caído no cuenta con la capacidad natural de venir a Cristo por sí mismo, sin algún tipo de ayuda divina. Al menos hasta este punto, Edwards y Agustín concuerdan sólidamente con la enseñanza de nuestro Señor. La pregunta que queda es esta: ¿les da Dios a todos los seres humanos la capacidad de venir a Jesús? La visión reformada de la predestinación dice que no. Otras visiones de la predestinación dicen que sí. Pero una cosa es cierta: el hombre no puede hacerlo por sí solo sin algún tipo de ayuda de Dios.

¿Qué tipo de ayuda es necesaria? ¿Hasta dónde debe llegar Dios para superar nuestra incapacidad natural de venir a Cristo? Hallamos un indicio en otra parte de este mismo capítulo. De hecho, hay otras dos declaraciones de Jesús que tienen relación directa con esta pregunta.

Unos versículos antes en el capítulo seis del Evangelio de Juan, Jesús hace una afirmación similar. Dice: «Nadie puede venir a Mí si no lo trae el Padre que me envió» (Jn 6:44). Aquí, la palabra clave es *trae*. ¿Qué significa que el Padre traiga personas a Cristo? Muchas veces he oído personas que explican que el sentido de este texto es que el Padre debe conquistar o seducir a los hombres para que vengan a Cristo. Si no se produce este cortejo, nadie viene a Cristo. Sin embargo, el hombre tiene la capacidad de resistirse a esa atracción y rechazar la seducción. Aunque el cortejo es necesario, no es irresistible. En términos filosóficos, eso significaría que la atracción de Dios es una condición necesaria, pero no una condición suficiente para llevar a los hombres a Cristo. En lenguaje más sencillo, significa que no podemos venir a Cristo sin el cortejo, pero el cortejo no garantiza que efectivamente vayamos a Cristo.

Estoy convencido de que la explicación anterior, que es muy común, es incorrecta. Violenta el pasaje de la Escritura, particularmente el significado bíblico de la palabra *trae*. La palabra griega utilizada aquí es *elkō*. El *Diccionario Teológico del Nuevo Testamento* de Kittel la define como forzar mediante superioridad irresistible. Lingüística y lexicográficamente, la palabra significa 'obligar'.

Obligar es un concepto mucho más potente que cortejar. Para verlo con más claridad, vayamos un momento a otros dos pasajes del Nuevo Testamento en que se utiliza la misma palabra griega. En Santiago leemos: «Pero ustedes han despreciado al pobre. ¿No son los ricos los que los oprimen y personalmente los arrastran a los tribunales?» (2:6). Adivina qué palabra de este pasaje corresponde a la misma palabra griega que se traduce en otras partes como *traer*. Es la palabra *arrastrar*. Ahora sustituyámosla por la palabra *cortejar* en el texto. El pasaje quedaría así: ¿No son los ricos los que los oprimen y personalmente los *cortejan* hacia los tribunales?».

La misma palabra aparece en Hechos: «Pero cuando sus amos vieron que se les había ido la esperanza de ganancia para ellos, prendieron a Pablo y a Silas, y *los* arrastraron hasta la plaza, ante las autoridades» (16:19). Nuevamente, intenta sustituir la palabra *arrastrar* por *cortejar*. Pablo y Silas no fueron apresados y luego cortejados hacia el mercado.

Una vez me pidieron que debatiera la doctrina de la predestinación en el contexto de un foro público en un seminario arminiano. Mi oponente era el director del departamento de Nuevo Testamento del seminario. En un momento crucial del debate, centramos la atención en el pasaje que dice que el Padre trae a las personas. Mi oponente fue el que sacó el pasaje a colación para respaldar su afirmación de que Dios nunca fuerza ni obliga a nadie a venir a Cristo. Insistía en que la influencia divina sobre el hombre caído se limitaba a traerlo, término que él interpretaba como cortejarlo.

En ese momento del debate, lo referí rápidamente a Kittel y a los otros pasajes del Nuevo Testamento que traducen la palabra como *arrastrar*. Estaba seguro de que lo había pillado. Estaba seguro de que se había metido en un aprieto insalvable para su propia postura. Pero me sorprendió. Me agarró completamente desprevenido. Nunca olvidaré el angustioso momento en que citó las palabras de un recóndito poeta griego que usaba el mismo vocablo para aludir al acto de sacar agua de un pozo. Me miró y dijo: «Bueno, profesor Sproul, ¿acaso uno arrastra el agua de un pozo?». Al instante, el público estalló en carcajadas por esa sorprendente revelación del significado alternativo de la palabra griega. Me quedé en silencio con cara de tonto. Cuando las risas se apagaron, respondí: «No, señor. Tengo que admitir que no arrastramos el agua del pozo. Pero ¿cómo sacamos el agua del pozo? ¿La conquistamos? ¿Nos ponemos sobre el pozo y gritamos: "Ven, agua,

agua, agua"?». Es tan necesario que Dios entre en nuestros corazones para convertirnos a Cristo como que pongamos el cubo en el agua y lo saquemos si queremos beber. Sencillamente, el agua no sale por sí sola ni responde a una mera invitación externa.

Por muy cruciales que sean estos pasajes del Evangelio de Juan, no superan en importancia otra enseñanza de Jesús sobre la incapacidad moral del hombre en el mismo Evangelio. Me refiero a la famosa discusión que Jesús tuvo con Nicodemo en Juan 3. Jesús le dijo a Nicodemo: «En verdad te digo que el que no nace de nuevo no puede ver el reino de Dios» (Jn 3:3). Dos versículos después, Jesús repite la enseñanza: «En verdad te digo que el que no nace de agua y del Espíritu no puede entrar en el reino de Dios».

Una vez más nos encontramos con la idea clave de una condición necesaria: *«el que no»*. Jesús está mencionando una precondición necesaria y enfática para que algún ser humano tenga la capacidad de ver y entrar en el reino de Dios. Esa precondición enfática es el nuevo nacimiento espiritual. La postura reformada de la predestinación enseña que, antes de que alguien pueda elegir a Cristo, su corazón debe ser cambiado. Debe nacer de nuevo. En las posturas no reformadas, las personas caídas eligen primero a Cristo y luego nacen de nuevo. En ese caso tenemos personas no regeneradas que ven y entran en el reino de Dios. En el instante en que la persona recibe a Cristo, está en el reino. No es que creamos primero, luego nazcamos de nuevo y después entremos al reino. ¿Cómo puede un ser humano elegir un reino que no puede ver? ¿Cómo puede el hombre entrar al reino sin antes haber nacido de nuevo? Jesús estaba señalando que Nicodemo necesitaba nacer del Espíritu. Todavía estaba en la carne. La carne solo produce carne. La carne, dijo Jesús, para *nada* aprovecha. Como alegó Lutero:

«Eso no significa *un poco* de algo». Las posturas no reformadas dicen que hay gente que no ha nacido de nuevo y responde a Cristo. Esas personas siguen en la carne. Según las posturas no reformadas, la carne no solo aprovecha para algo, sino que aprovecha para lo más importante que una persona puede ganar: la entrada en el reino mediante la fe en Cristo. Si alguien que aún está en la carne, que todavía no ha nacido de nuevo por el poder del Espíritu Santo, puede inclinarse o disponerse hacia Cristo, ¿de qué sirve el nuevo nacimiento? Este es el defecto fatal de las posturas no reformadas. No toman en serio la incapacidad moral del hombre, la impotencia moral de la carne.

Un punto cardinal de la teología reformada es la siguiente máxima: «La regeneración precede a la fe». Nuestra naturaleza es tan corrupta, y el poder del pecado tan grande, que, a menos que Dios haga una obra sobrenatural en nuestras almas, jamás escogeremos a Cristo. No creemos para poder nacer de nuevo; nacemos de nuevo para poder creer.

Resulta irónico que, en el mismo capítulo (de hecho, en el mismo contexto) en que nuestro Señor enseña que es absolutamente necesario nacer de nuevo para siquiera ver el reino —y cuánto más para elegirlo— las posturas no reformadas encuentren uno de los principales versículos que usan para alegar que el hombre caído conserva una pequeña isla de capacidad para elegir a Cristo. Ese pasaje dice: «Porque de tal manera amó Dios al mundo, que dio a Su Hijo unigénito, para que todo aquel que cree en Él, no se pierda, sino que tenga vida eterna» (Jn 3:16).

¿Qué enseña este famoso versículo sobre la capacidad del hombre caído para elegir a Cristo? La respuesta simplemente es *nada*. El argumento que utilizan los no reformados es que el texto enseña que todas las personas del mundo tienen el poder de aceptar o rechazar a

Cristo. Sin embargo, si observamos atentamente el versículo, vemos que no enseña nada semejante. Lo que el texto enseña es que todos los que crean en Cristo serán salvos. Todo aquel que haga A (creer) recibirá B (vida eterna). El texto no dice nada, absolutamente nada, sobre quiénes creerán. No dice nada sobre la capacidad moral natural del hombre caído. Tanto los reformados como los no reformados concuerdan completamente en que todo aquel que crea será salvo. Al mismo tiempo, discrepan completamente respecto a quiénes tienen la capacidad de creer.

Alguien podría responder: «De acuerdo. El texto no enseña *explícitamente* que los hombres caídos tienen la capacidad de elegir a Cristo sin antes haber nacido de nuevo, pero es indudable que lo *implica*». Ni siquiera estoy dispuesto a admitir que el texto implique eso. Sin embargo, aunque lo hiciera, no supondría ninguna diferencia en el debate. ¿Por qué no? Porque nuestra regla para interpretar la Escritura es que las implicaciones extraídas de la Escritura siempre deben estar subordinadas a la enseñanza explícita de la Escritura. Nunca, nunca, nunca debemos invertir ese principio y someter la enseñanza explícita de la Escritura a las posibles implicaciones extraídas de la misma. Esta regla es compartida por los teólogos reformados y los no reformados.

Si Juan 3:16 diera a entender de manera implícita que los hombres caídos tienen la capacidad humana natural y universal de elegir a Cristo, esa implicación quedaría eliminada por la enseñanza explícita de Jesús en el sentido contrario. Ya hemos demostrado que Jesús enseñó explícita e inequívocamente que ninguna persona tiene la capacidad de venir a Él sin que Dios haga algo para darle esa capacidad, es decir, sin que Él lo traiga.

El hombre caído es carne. No puede hacer nada en la carne para agradar a Dios. Pablo declara: «La mente puesta en la carne es enemiga de Dios, porque no se sujeta a la ley de Dios, pues ni siquiera puede *hacerlo*, y los que están en la carne no pueden agradar a Dios» (Ro 8:7-8).

Preguntamos, pues, ¿quiénes son los que están «en la carne»? Pablo añade: «Sin embargo, ustedes no están en la carne sino en el Espíritu, si en verdad el Espíritu de Dios habita en ustedes» (Ro 8:9). Aquí la palabra crucial es *si*. Lo que distingue a los que están en la carne de los que no lo están es la morada del Espíritu Santo. Dios Espíritu Santo no mora en nadie que no haya nacido de nuevo. Las personas que están en la carne no han nacido de nuevo. A no ser que antes hayan nacido de nuevo, nacido del Espíritu Santo, no pueden sujetarse a la ley de Dios. No pueden agradar a Dios.

Dios nos manda que creamos en Cristo. Se complace en los que eligen a Cristo. Si las personas no regeneradas pudieran elegir a Cristo, podrían sujetarse al menos a uno de los mandamientos de Dios y podrían, al menos, hacer algo que agrade a Dios. Si fuera así, aquí el apóstol se habría equivocado al recalcar que los que están en la carne no pueden sujetarse ni agradar a Dios.

Entonces, concluimos que el hombre caído sigue siendo libre de elegir lo que desea, pero, como sus deseos solo son perversos, carece de la capacidad moral de venir a Cristo. Mientras siga en la carne, no regenerado, jamás elegirá a Cristo. No puede elegir a Cristo precisamente porque no puede actuar contra su propia voluntad. No desea a Cristo, y no puede elegir lo que no desea. Su caída es grande, tan grande que solo la acción de la gracia eficaz de Dios en su corazón puede llevarlo a la fe.

Resumen del capítulo 3

1. El libre albedrío se define como «la capacidad de elegir según nuestros deseos».

2. El concepto de un «libre albedrío neutral», de una voluntad sin disposiciones ni inclinaciones previas, es una visión falsa del libre albedrío. Es irracional y antibíblica.

3. El verdadero libre albedrío implica una especie de autodeterminación, que difiere de la coacción de una fuerza externa.

4. Luchamos con nuestras decisiones, y eso se debe en parte a que vivimos con deseos conflictivos y cambiantes.

5. El hombre caído tiene la capacidad natural de tomar decisiones, pero carece de la capacidad moral de tomar decisiones piadosas.

6. Como decía Agustín, el hombre caído tiene «libre albedrío», pero carece de «libertad».

7. El pecado original no es el primer pecado, sino la condición pecaminosa que es *consecuencia* del pecado de Adán y Eva.

8. El hombre caído es «incapaz de no pecar».

9. Jesús enseñó que el hombre es incapaz de acudir a Él sin la ayuda divina.

10. Antes de que alguien elija a Jesús, debe nacer de nuevo.

Para estudio adicional

Y el Señor vio que era mucha la maldad de los hombres en la tierra, y que toda intención de los pensamientos de su corazón era solo hacer *siempre el mal* (Gn 6:5).

Más engañoso que todo es el corazón, / Y sin remedio; / ¿Quién lo comprenderá? (Jer 17:9).

Jesús les dijo: «*No murmuren entre sí. Nadie puede venir a Mí si no lo trae el Padre que me envió, y Yo lo resucitaré en el día final* (Jn 6:43-44).

Ustedes son de su *padre el diablo y quieren hacer los deseos de su padre. Él fue un asesino desde el principio, y no se ha mantenido en la verdad porque no hay verdad en él. Cuando habla mentira, habla de su propia naturaleza, porque es mentiroso y el padre de la mentira. Pero porque Yo digo la verdad, no me creen. ¿Quién de ustedes me prueba* que tengo *pecado? Y si digo verdad, ¿por qué ustedes no me creen? El que es de Dios escucha las palabras de Dios; por eso ustedes no escuchan, porque no son de Dios* (Jn 8:44-47).

Y Él les dio vida *a ustedes, que estaban muertos en sus delitos y pecados* (Ef 2:1).

Capítulo 4

La caída de Adán
y la mía

Otra pregunta difícil que rodea a la doctrina de la predestinación es la interrogante de cómo es posible que heredemos nuestra naturaleza pecaminosa de Adán. Si nacemos con una naturaleza caída, si nacemos en pecado, si nacemos en un estado de incapacidad moral, ¿cómo es posible que Dios nos haga responsables de nuestros pecados?

Recordemos que el pecado original no es el primer pecado, sino el resultado de ese primer pecado. Las Escrituras dicen reiteradamente que el pecado y la muerte entraron al mundo «por la transgresión de un hombre». Como resultado del pecado de Adán, ahora todos los hombres son pecadores. La caída fue grande. Tuvo repercusiones radicales para toda la raza humana (ver Ro 5:12).

Ha habido muchos intentos por explicar la relación entre la caída de Adán y el resto de la humanidad. Algunas de las teorías que se han presentado son bastante complejas y creativas. Sin embargo, hay tres teorías que destacan en la lista por ser las más aceptadas. A la primera la llamaré «la teoría mítica de la caída».

or

La teoría mítica de la caída

Como su nombre lo indica, la teoría mítica de la caída sostiene que no hubo una caída real e histórica. Adán y Eva no son vistos como personajes históricos. Son símbolos mitológicos creados para explicar o representar el problema de la corrupción humana. La historia bíblica de la caída es una especie de parábola; nos enseña una lección moral.

Según esta teoría, los primeros capítulos del Génesis son mitológicos. Nunca existió Adán; nunca existió Eva. La misma estructura del relato sugiere que se trata de una parábola o un mito, pues incluye elementos como una serpiente que habla y objetos evidentemente simbólicos como el árbol del conocimiento del bien y del mal.

La verdad moral que transmite el mito es que las personas caen en pecado. El pecado es un problema universal. Todos cometen pecados; nadie es perfecto. El mito apunta a una realidad superior: cada uno es su propio Adán. Cada persona tiene su propia caída privada. El pecado es una condición humana universal precisamente porque todas las personas sucumben a su propia tentación privada.

Esta teoría tiene elementos atractivos importantes. En primer lugar, esta postura absuelve por completo a Dios de cualquier acusación de responsabilizar a las generaciones futuras por lo que hizo una pareja. Aquí, nadie puede culpar a sus padres o a su Creador por su propio pecado. En este esquema, mi condición caída es consecuencia directa de mi propia caída, no de la caída de otra persona.

Una segunda ventaja de esta postura es que evade toda necesidad de defender el carácter histórico de los primeros capítulos de la Biblia. Este punto de vista no se angustia por las teorías de la evolución ni por disputas científicas sobre la naturaleza de la creación. Nunca es necesario defender la verdad factual de un mito.

Sin embargo, las desventajas de esta postura son más graves. Su defecto más importante es que, en realidad, no ofrece ninguna explicación para la universalidad del pecado. Si todos nacemos sin una naturaleza pecaminosa, ¿cómo explicamos la universalidad del pecado? Si nacieran cuatro mil millones de personas sin inclinación al pecado, sin ninguna corrupción en su naturaleza, sería razonable esperar que al menos algunas se abstuvieran de caer. Si nuestro estado moral natural fuera uno de inocencia y neutralidad, podríamos esperar, desde un punto de vista estadístico, que la mitad de la raza humana se mantuviera perfecta. Reconozco que explicar la caída de una persona inocente supone un problema intelectual enorme. Pero si a esa dificultad le sumamos los miles de millones de personas que han caído, el problema se vuelve varios miles de millones de veces más complejo. También admitimos que, si una persona creada a la imagen de Dios pudo caer, es posible que caigan miles de millones de la misma manera. Lo sorprendente aquí es la probabilidad estadística. Una cosa es pensar en la caída de una sola persona. Pero si todos caen sin excepción, empezamos a preguntarnos por qué. Empezamos a preguntarnos si el estado natural del ser humano de verdad es tan neutral.

La respuesta estándar de los defensores de la visión mítica es que no todas las personas nacen en un entorno idílico como el Edén. La sociedad es corrupta. Nacemos en un entorno corrupto. Somos como el «salvaje inocente» de Rousseau, que se corrompe por las influencias negativas de la civilización.

Esta explicación da lugar a una pregunta: ¿cómo se corrompió la sociedad o la civilización para empezar? Si todo el mundo nace inocente, sin tan siquiera una traza de corrupción personal, esperaríamos encontrar sociedades que fueran tan solo medio corruptas. Si cada oveja va con su pareja, deberíamos encontrar sociedades que agrupan a todos los corruptos y otras en las que no hay maldad. La sociedad no puede ser una influencia corruptora sin que antes esta misma se corrompa. Para explicar la caída de toda una sociedad o civilización, hay que enfrentar las dificultades que ya hemos señalado.

En otra de las obras famosas de Jonathan Edwards, su tratado sobre el pecado original, él hace la importante observación de que, como el pecado del hombre es universal, aunque la Biblia no dijera nada sobre la caída original de la raza humana, la razón exigiría esa explicación. Nada respalda más claramente que de verdad nacemos en un estado de corrupción que el hecho de que todos pequemos (ver 1 Jn 1:8-10).

Otro asunto espinoso que surge en este contexto tiene que ver con la relación entre el pecado y la muerte. La Biblia deja claro que la muerte no es «natural» para el hombre. Es decir, afirma reiteradamente que la muerte entró al mundo como consecuencia del pecado. Si es así, ¿cómo podemos explicar la muerte de los bebés? Si todos los hombres nacen inocentes, sin corrupción innata, Dios sería injusto al permitir la muerte de bebés que aún no han caído.

La visión mítica de la caída también debe enfrentar el hecho de que violenta radicalmente la enseñanza de las Escrituras. Esta postura hace algo más que simplemente interpretar los primeros capítulos de la Biblia como si no fueran factuales. Al interpretarlos así, se opone claramente a la posición neotestamentaria de la caída. En el plano intelectual, sería necesario hacer contorsiones muy difíciles para afirmar que el apóstol Pablo no enseñó que hubo una caída histórica. Los paralelismos que establece entre el primer Adán y el segundo Adán son demasiado fuertes para permitirlo, a menos que argumentemos que, en la mente de Pablo, Jesús también era un personaje mitológico.

Admitimos que el relato de la caída del Génesis contiene algunos elementos literarios inusuales. La presencia de un árbol que no sigue el patrón de los árboles comunes parece una imagen poética. Es adecuado interpretar la poesía como poesía y no como una narración histórica. Sin embargo, también hay fuertes elementos de literatura narrativa histórica en Génesis 3. En el capítulo 2, el Edén está situado entre las nacientes de cuatro ríos: el Pisón, el Gihón, el Hidekel (o Tigris) y el Éufrates.

Sabemos que las parábolas pueden estar ambientadas en escenarios históricos reales. Por ejemplo, la parábola del buen samaritano está ambientada en el contexto geográfico del camino a Jericó. Por lo tanto, la mera presencia de ríos históricos reales no exige de forma absoluta que cataloguemos esta sección del Génesis como una narración histórica.

Sin embargo, hay otro elemento del pasaje que es más convincente. El relato de Adán y Eva contiene una genealogía importante. Los romanos, con su afición a la mitología, no tenían dificultades para retroceder en su linaje hasta llegar a Rómulo y Remo, pero resulta indudable que los judíos eran más escrupulosos en esos asuntos. Los judíos tenían un fuerte compromiso con la historia real. Debido a la gran diferencia entre la visión judía de la historia y la visión griega de la historia, resulta impensable que los judíos incluyeran personajes mitológicos en sus propias genealogías. En la literatura judía, la presencia de una genealogía indica que la narración es histórica. Nota que Lucas, el historiador del Nuevo Testamento, incluye a Adán en la genealogía de Jesús.

Es mucho más fácil explicar que un árbol real funciona como el punto central de una prueba moral y que por eso se llama el árbol del conocimiento del bien y del mal, que hacer calzar una genealogía en una parábola o un mito. Desde luego, podríamos hacer eso si otros factores lo exigieran. Pero no existen esos factores. No hay ninguna razón sólida para no interpretar Génesis 3 como una narración histórica y hay múltiples razones para no tratarla como una parábola o un mito. Tratar el capítulo como historia es tratarlo como lo hacían los judíos, incluyendo a Pablo y a Jesús. Cuando se aborda de otro modo, por lo general se debe a una agenda contemporánea que no tiene nada que ver con la historia judía.

La visión realista de la caída

¿Recuerdas la famosa serie televisiva de los años 50 llamada *You Are There* [*Estás ahí*]? Mediante la magia de la televisión, llevaba a los espectadores a escenas históricas célebres. Sin embargo, a pesar de los escritos de H. G. Wells, en realidad aún no se ha inventado ningún dispositivo electrónico que nos transporte al pasado. Vivimos en el presente. Nuestro único acceso al pasado es mediante los libros, los objetos arqueológicos y los recuerdos propios y ajenos.

Recuerdo que una vez impartí un curso bíblico que incluía un breve estudio de los soldados romanos. Mencioné el estandarte romano con las iniciales SPQR. Pregunté si alguien sabía qué significaban esas letras. Un amigo querido que tenía más de setenta años dijo de inmediato: «*Senatus Populus Que Romanus* [*el Senado y el pueblo de Roma*]». Le sonreí a mi amigo y dije: «¡Eres la única persona en este salón que es lo suficientemente mayor como para recordar eso!».

Ninguno de nosotros es lo suficientemente mayor como para tener en la memoria imágenes de la caída de Adán. ¿O sí? La visión realista de la caída sostiene que todos somos lo suficientemente viejos como para recordar la caída. Deberíamos ser capaces de recordarla, pues realmente estuvimos allí.

El realismo no es una especie de reencarnación al estilo del caso de Bridey Murphy*. Más bien, es un intento serio por resolver el problema de la caída. El concepto clave es este: no se nos puede hacer responsables moralmente por un pecado que cometió otra persona. Para ser responsables, es necesario haber participado activamente de algún modo en el pecado. De alguna manera, debemos haber estado presentes en la caída, *realmente* presentes. De ahí el nombre de *realismo*.

La visión realista de la caída requiere una especie de preexistencia del alma humana. Es decir, nuestras almas deben haber existido antes de que naciéramos. Estaban presentes con Adán en la caída. Cayeron junto con Adán. El pecado de Adán no fue un mero acto realizado por nosotros; fue un acto *con* nosotros. Estábamos ahí.

Esta teoría parece especulativa, quizá incluso extraña. Sin embargo, sus defensores apelan a dos pasajes bíblicos fundamentales para justificar su opinión. El primero se encuentra en Ezequiel:

¿Qué quieren decir ustedes al usar este proverbio acerca de la tierra de Israel, que dice:

«Los padres comen las uvas agrias,
Y los dientes de los hijos tienen la dentera»?

---

* **Nota de traducción:** Bridey Murphy es el supuesto nombre de una mujer irlandesa que, según se aseguraba, se había reencarnado en Virginia Tighe, un ama de casa estadounidense que alcanzó mucho renombre en el siglo XX. Los científicos que estudiaron su caso concluyeron que los recuerdos de su supuesta vida pasada eran atribuibles a la criptomnesia, un fenómeno en que los sucesos almacenados en la memoria no se perciben como recuerdos, sino como acontecimientos nuevos.

> Vivo Yo, declara el Señor Dios, que no volverán a usar más este proverbio en Israel. Todas las almas son Mías; tanto el alma del padre como el alma del hijo, Mías son. El alma que peque, esa morirá (18:2-4).

Un poco después en el mismo capítulo, Ezequiel escribe:

> Y ustedes dicen: «¿Por qué no carga el hijo con la iniquidad de su padre?». Cuando el hijo ha practicado el derecho y la justicia, ha observado todos Mis estatutos y los ha cumplido, ciertamente vivirá. El alma que peque, esa morirá. El hijo no cargará con la iniquidad del padre, ni el padre cargará con la iniquidad del hijo. La justicia del justo será sobre él y la maldad del impío será sobre él (18:19-20).

Aquí, los realistas encuentran un pasaje concluyente para su postura. Dios afirma con claridad que el hijo no debe ser culpado por los pecados de su padre. Al parecer, esto plantea serias dificultades para el concepto de que las personas cayeron «en Adán».

El segundo pasaje fundamental para el realismo se encuentra en el libro neotestamentario de Hebreos:

> Y, por decirlo así, por medio de Abraham también Leví, que recibía diezmos, pagaba diezmos, porque aún estaba en los lomos de su padre cuando Melquisedec le salió al encuentro (7:9-10).

Este texto forma parte de una larga sección donde el autor de Hebreos discute el papel de Cristo como nuestro gran Sumo Sacerdote.

El Nuevo Testamento afirma que Jesús es nuestro Rey y también nuestro sacerdote. Subraya que Jesús era del linaje de Judá, a quien se le había prometido el reino. Jesús era hijo de David, que también era del linaje de Judá.

El sacerdocio del Antiguo Testamento no le fue dado a Judá, sino a los hijos de Leví. Los levitas eran el linaje sacerdotal. Por lo tanto, normalmente hablamos del sacerdocio levítico o el sacerdocio aarónico. Aarón era levita. Si eso es así, ¿cómo es posible que Jesús sea sacerdote si no era del linaje de Leví?

Este problema desconcertaba a algunos judíos de la antigüedad. El autor de Hebreos alega que en el Antiguo Testamento se menciona otro sacerdocio: el del misterioso personaje llamado Melquisedec. Se dice que Jesús es sacerdote según el orden de Melquisedec.

Sin embargo, esta larga sección de Hebreos no se contenta con demostrar que en el Antiguo Testamento había otro sacerdocio además del levítico. El punto principal del argumento aquí es que el sacerdocio de Melquisedec era *superior* al sacerdocio de Leví.

El autor de Hebreos repasa parte de la historia del Antiguo Testamento para probar su argumento. Enfatiza que Abraham le pagó los diezmos a Melquisedec, y no Melquisedec a Abraham. Además, Melquisedec bendijo a Abraham; Abraham no bendijo a Melquisedec. El punto es este: en la relación entre Abraham y Melquisedec, Melquisedec fue el que ejerció el sacerdocio, no Abraham.

La idea clave para los judíos es la que se menciona a continuación: «Y sin discusión alguna, el menor es bendecido por el mayor» (v. 7).

El autor de Hebreos sigue entretejiendo su argumento. Alega que, en efecto, el padre es superior al hijo. Eso significa que Abraham está sobre Isaac en el orden jerárquico patriarcal. A su vez, Isaac está sobre

Jacob, y Jacob sobre sus hijos, incluso sobre su hijo Leví. Si seguimos esta lógica, lo que esto significa es que Abraham es mayor que su bisnieto Leví.

Ahora bien, si Abraham es mayor que Leví y Abraham se sujetó a Melquisedec, eso significa que el sacerdote Melquisedec es mayor que Leví y todo su linaje. La conclusión es clara: El sacerdocio de Melquisedec es un orden sacerdotal más alto que el sacerdocio levítico. Esto le confiere dignidad suprema al oficio sumosacerdotal de Cristo.

Lo que más le interesaba al autor de Hebreos cuando escribió todo esto no era explicar el misterio de la caída de Adán. Sin embargo, dice de pasada algo que los realistas aprovechan para respaldar su teoría. Escribe que «por medio de Abraham también Leví, que recibía diezmos, pagaba diezmos». Leví hizo eso mientras «aún estaba en los lomos de su padre».

Los realistas consideran que esta referencia a que Leví hizo algo antes de nacer es una prueba bíblica del concepto de la preexistencia del alma humana. Si Leví pudo pagar diezmos cuando aún estaba en los lomos de su padre, eso debe significar que, en algún sentido, ya existía.

Esta manera de tratar el pasaje de Hebreos plantea una pregunta. El texto no enseña de forma explícita que Leví existía o preexistía realmente en los lomos de su padre. El propio texto dice «por decirlo así». El pasaje no requiere que concluyamos que Leví preexistía «realmente». Los realistas lo abordan armados con una teoría que no encontraron a partir del texto y luego introducen esa teoría al texto.

El argumento del pasaje de Ezequiel tampoco tiene sentido. El discurso de Ezequiel no era sobre la caída de Adán. La caída no es lo que tenía en mente. Más bien, Ezequiel está abordando una excusa habitual que las personas usan para justificar sus pecados. Intentan culpar a alguien más por sus propios delitos. Esa actitud humana ha continuado desde la caída, pero eso es prácticamente lo único que el pasaje tiene que decir acerca de la caída. En la caída, Eva culpó a la serpiente y Adán culpó tanto a Dios como a Eva por su propio pecado. Dijo: «La mujer que **Tú** me diste por compañera me dio del árbol, y yo comí» (Gn 3:12, énfasis añadido).

Desde entonces, el ser humano ha tratado de pasar la pelota de su propia culpa. Sin embargo, los realistas alegan que en Ezequiel 18 se establece un principio relacionado con el asunto. El principio es que a los seres humanos no se les hace responsables por los pecados de los demás.

Ciertamente, ese principio general se expone en Ezequiel. Es un gran principio de la justicia de Dios. Sin embargo, no nos atreveremos a transformarlo en un principio absoluto. Si lo hacemos, el texto de Ezequiel supondría demasiado. Echaría por tierra la expiación de Cristo. Si nunca fuera posible que una persona sea castigada por los pecados de otra, entonces no tendríamos un Salvador. Jesús fue castigado por nuestros pecados. Esa es la esencia del evangelio. Jesús no solo fue castigado por nuestros pecados, sino que Su justicia es la base meritoria de nuestra justificación. Somos justificados por una justicia ajena, una justicia que no es la nuestra. Si llevamos al extremo la afirmación de Ezequiel —«La justicia del justo será sobre él y la maldad del impío será sobre él»—, quedamos como pecadores que deben justificarse a sí mismos. Eso nos mete a todos en grandes apuros.

Ciertamente, la Biblia dice que Dios «castiga» la iniquidad de las personas hasta la tercera y cuarta generación. Eso apunta a las «secuelas» o consecuencias del pecado. Es posible que un hijo sufra las consecuencias del pecado de su padre, pero Dios no lo *hace responsable* por el pecado de su padre.

El principio de Ezequiel tiene dos excepciones: la cruz y la caída. Por algún motivo, no nos molesta la excepción de la Cruz; la que nos duele es la de la caída. No nos molesta que nuestra culpa sea transferida a Jesús, ni que Su justicia nos sea transferida a nosotros; lo que nos hace chillar es que nos sea transferida la culpa de Adán. Afirmamos que, si no hubiéramos recibido la transferencia de la culpa de Adán, la obra de Jesús jamás habría sido necesaria.

La visión federal o representativa de la caída

Por lo general, la visión federal de la caída ha sido la más popular entre los defensores de la postura reformada de la predestinación. Esta postura enseña que Adán actuó como representante de toda la raza humana. Cuando Dios sometió a prueba a Adán y Eva, estaba probando a toda la humanidad. El nombre Adán significa 'hombre' o 'humanidad'. Adán fue el primer ser humano creado. Encabeza a la raza humana. Fue puesto en el huerto para actuar no solo por sí mismo, sino por todos sus futuros descendientes. Así como los gobiernos federales tienen un vocero principal que es la cabeza de la nación, Adán era la cabeza federal de la humanidad.

La idea principal del federalismo es que, cuando Adán pecó, pecó por todos nosotros. Su caída fue nuestra caída. Cuando Dios castigó a Adán y le quitó su justicia original, todos fuimos castigados del mismo modo. La maldición de la caída nos afecta a todos. Adán no fue el único hombre destinado a ganarse la vida con el sudor de su frente, sino también todos nosotros. Eva no fue la única mujer condenada a tener dolores en el parto, sino que así ha sido para las mujeres de todas las generaciones humanas. La serpiente infractora del huerto no fue el único miembro de su especie que sufrió la maldición de arrastrarse sobre el vientre.

Cuando Adán y Eva fueron creados, recibieron dominio sobre toda la creación. Como consecuencia de su pecado, todo el mundo sufrió. Pablo lo dice así:

> Porque la creación fue sometida a vanidad, no de su propia voluntad, sino por causa de aquel que la sometió, en la esperanza de que la creación misma será también liberada de la esclavitud de la corrupción a la libertad de la gloria de los hijos de Dios. Pues sabemos que la creación entera a una gime y sufre dolores de parto hasta ahora (Ro 8:20-22).

Toda la creación gime mientras espera la redención plena del hombre. Cuando el hombre pecó, las repercusiones del pecado se hicieron sentir en todo el dominio del ser humano. Debido al pecado de Adán, no solo sufrimos nosotros, sino también los leones, los elefantes, las mariposas y los perritos. Ellos no pidieron ese sufrimiento. Se vieron perjudicados por la caída de su amo.

El Nuevo Testamento enseña explícitamente que sufrimos como consecuencia del pecado de Adán. Por ejemplo, Pablo en Romanos 5 hace las siguientes observaciones:

1. «... el pecado entró en el mundo por medio de un hombre, y por medio del pecado la muerte» (v. 12).
2. «... por la transgresión de uno murieron los muchos» (v. 15).

3. «... por una transgresión resultó la condenación de todos los hombres» (v. 18).

4. «... por la obediencia de Uno los muchos serán constituidos justo»s (v. 19).

No hay forma de evitar la enseñanza bíblica obvia de que el pecado de Adán tuvo consecuencias terribles para sus descendientes. Es precisamente porque esas afirmaciones bíblicas son abundantes que casi todas las denominaciones cristianas han formulado una doctrina del pecado original ligado a la caída de Adán.

Aún nos queda una gran pregunta: Si Dios de verdad juzgó a toda la raza humana en Adán, ¿cómo es posible que eso sea justo? Parece ser abiertamente injusto que Dios permita que, por culpa de Adán, no solo sufran todos los seres humanos después de él, sino también toda la creación.

Esta pregunta sobre la justicia de Dios es la que trata de responder el federalismo. El federalismo asume que en verdad éramos representados por Adán y que esa representación fue justa y adecuada. Sostiene que Adán nos representó *perfectamente*.

En nuestro propio sistema jurídico hay situaciones que, aunque no son perfectamente paralelas a este concepto de la representación, sí se le aproximan. Sabemos que si contrato a alguien para que mate a una persona y ese sicario cumple con el acuerdo, yo puedo ser condenado justamente por homicidio calificado aunque no haya tirado del gatillo. Soy condenado por un crimen cometido por otra persona, ya que esa persona actuó en mi lugar.

La protesta obvia que surge en este instante es esta: «Pero nosotros no contratamos a Adán para que pecara en nuestro lugar». Eso es cierto. Este ejemplo no hace más que ilustrar que hay *ciertos* casos en que es justo castigar a una persona por el delito de otra.

Sin embargo, la visión federal de la caída sigue despidiendo un leve olor a tiranía. Nuestra consigna es: «¡Sin representación no hay condenación!». Los habitantes de las naciones piden a gritos contar con representantes que les garanticen que estarán libres de una tiranía déspota, y nosotros exigimos tener una representación justa y adecuada ante Dios. La visión federal afirma que somos condenados como culpables del pecado de Adán porque él fue nuestro representante justo y apropiado.

Espera un momento. Puede que Adán nos haya representado, pero nosotros no lo elegimos. ¿Qué habría pasado si los padres de la nueva República estadounidense le hubieran exigido un representante al rey Jorge y él hubiera respondido: «Claro que pueden tener representantes. ¡Serán representados por mi hermano!»? Una respuesta así habría echado aún más té al mar en el puerto de Boston*.

Queremos tener el derecho de elegir a nuestros propios representantes. Queremos tener la facultad de emitir nuestro propio voto y que nadie más lo emita por nosotros. La palabra *voto* viene del latín *votum,* que significa 'deseo' o 'elección'. Cuando emitimos nuestro voto, estamos expresando nuestros deseos, enunciando nuestra voluntad.

---

* **Nota de traducción:** El 16 de diciembre de 1773, un grupo de colonos estadounidenses arrojó al mar un cargamento de té en el puerto de Boston, Massachusetts, en señal de protesta contra la aprobación de una ley conocida como la ley del té. Dicha legislación favorecía a la Compañía Británica de las Islas Orientales, eximiéndola del pago de impuestos por la exportación de ese producto. Este acontecimiento, conocido como el motín del té, fue uno de los grandes precedentes de la guerra de Independencia de los Estados Unidos.

Supón que hubiéramos tenido libertad total para votar por nuestro representante en el Edén. ¿Nos habría satisfecho eso? ¿Por qué queremos tener el derecho de votar por nuestro representante? ¿Por qué nos oponemos a que el rey o cualquier otro soberano pretenda nombrar a nuestros representantes? La respuesta es obvia. Queremos estar seguros de que se cumpla nuestra voluntad. Si el rey nombra a mi representante, voy a tener poca confianza de que se cumplan mis deseos. Temería que el representante designado estuviera más interesado en cumplir los deseos del rey que los míos. No me sentiría representado con justicia.

Sin embargo, aunque tengamos el derecho de elegir a nuestros representantes, no tenemos ninguna garantía de que nuestros deseos se cumplirán. ¿Hay alguien que no haya sido engañado por un político que prometió una cosa durante la campaña electoral, pero hizo otra después de ser electo? Repito, la razón por la que queremos elegir a nuestro representante es porque queremos estar seguros de que seremos representados correctamente.

En ningún momento de la historia humana hemos sido mejor representados que en el huerto del Edén. Desde luego, no elegimos a nuestro representante allí. Eligieron al representante por nosotros. Sin embargo, el que eligió a nuestro representante no fue el rey Jorge. Fue el Dios todopoderoso.

Cuando Dios elige a nuestro representante, lo hace perfectamente. Su elección es infalible. Cuando yo elijo a mis propios representantes, lo hago de forma falible. A veces elijo a la persona incorrecta y soy representado de forma inadecuada. Adán me representó infaliblemente, pero no porque él fuera infalible, sino porque Dios es infalible. Debido a la infalibilidad de Dios, nunca podré alegar que fue una mala decisión que Adán me representara.

La suposición que hacemos muchos cuando impugnamos la caída es que, si hubiéramos estado allí, habríamos tomado otra decisión. No habríamos escogido lo que sumiría al mundo en la ruina. Esa suposición simplemente es imposible a la luz del carácter de Dios. Dios no comete errores. Su elección de mi representante es mejor que mi propia elección.

Incluso si admitimos que en verdad fuimos representados perfectamente por Adán, debemos preguntarnos si es justo que seamos representados cuando los riesgos son tan altos. Lo único que puedo responder es que al Señor le agradó hacer eso. Sabemos que el mundo cayó por Adán. Sabemos que, en algún sentido, Adán nos representó. Sabemos que nosotros no lo elegimos como nuestro representante. Sabemos que cuando Dios seleccionó a Adán, esa selección fue infalible. Pero ¿fue justo todo ese proceso?

Lo único que puedo hacer para responder esta pregunta de manera definitiva es formular otra pregunta, una que hizo el apóstol Pablo: «¿Qué hay injusticia en Dios?». La respuesta apostólica a esa interrogante retórica es clara y rotunda: «¡De ningún modo!» (Ro 9:14).

Si sabemos algo sobre el carácter de Dios, es que Él no es tirano y jamás es injusto. Los términos que estableció para probar a la humanidad satisficieron Su propia justicia. Eso debería bastar para satisfacernos a nosotros.

Sin embargo, seguimos discutiendo. Seguimos contendiendo con el Todopoderoso. Seguimos asumiendo que, de un modo u otro, Dios nos hizo algo malo y estamos sufriendo como víctimas inocentes del juicio divino. Esos sentimientos no hacen más que confirmar el alcance radical de nuestra caída. Cuando pensamos así, estamos pensando como hijos de Adán. Esos pensamientos blasfemos no hacen más que ilustrar a todo color cuán adecuadamente fuimos representados por Adán.

Estoy convencido de que, en su esencia, la visión federal de la caída es correcta. Es la única de las tres que hemos visto que le hace justicia a lo que la Biblia enseña sobre la caída del hombre. Me satisface que Dios no sea un tirano arbitrario. Sé que soy una criatura caída. Es decir, sé que soy una criatura y sé que soy caído. También sé que no es «culpa» de Dios que yo sea pecador. Lo que Dios ha hecho por mí es redimirme de mi pecado. Él no me ha redimido de Su pecado.

Aunque la mayoría de los calvinistas adoptan la visión federal y representativa de la caída, debemos recordar que el tema de nuestra relación con la caída de Adán no es un problema exclusivo del calvinismo. Todos los cristianos deben lidiar con esto.

También es vital que veamos la predestinación a la luz de la caída. Todos los cristianos concuerdan en que el decreto divino de la predestinación tuvo lugar antes de la caída. Algunos afirman que Dios partió predestinando a algunas personas para salvación y a otras para condenación, y después decretó la caída para asegurarse de que algunos perecieran. De hecho, esta postura espantosa a veces se le atribuye al calvinismo. Esa idea era repugnante para Calvino y es igual de repugnante para todos los calvinistas ortodoxos. En ocasiones, este concepto es denominado «hipercalvinismo». Sin embargo, aun eso es un insulto. Esa postura no tiene nada que ver con el calvinismo. Más que hipercalvinismo, es anticalvinismo.

Al igual que otras visiones de la predestinación, el calvinismo enseña que el decreto de Dios tuvo lugar *antes de* la caída, pero también *a la luz de* la caída. ¿Por qué es importante esto? Porque la visión calvinista de la predestinación siempre acentúa la gracia de la redención de Dios. Cuando Dios predestina a algunos para salvación, está predestinando individuos que Él sabe que en verdad *necesitan ser salvos*.

Necesitan ser salvos porque son pecadores en Adán, no porque Él los haya obligado a ser pecadores. El calvinismo considera que Adán pecó por voluntad propia, no por coacción divina.

Obviamente, Dios sabía que la caída se produciría desde antes de que ocurriera y empezó a actuar para redimir a algunos individuos. Preordinó la caída en el sentido de que decidió permitirla, pero no en el sentido de que decidió forzarla. Su gracia predestinadora es gracia justamente porque decidió salvar a personas que Él sabía de antemano que iban a estar espiritualmente muertas.

Quizá sea útil aquí presentar una última ilustración. Nos enfurece la idea de que Dios nos llame a ser justos cuando estamos impedidos por el pecado original. Decimos: «¡Pero no podemos ser justos, Dios! Somos criaturas caídas. ¿Cómo puedes hacernos responsables cuando Tú bien sabes que nacimos con el pecado original?».

La ilustración es la siguiente. Supón que Dios le dice a alguien: «Quiero que tengas podados estos arbustos a las tres de la tarde. Pero ten cuidado. Hay un gran pozo abierto al borde del jardín. Si caes a ese pozo, no podrás salir. Por lo tanto, hagas lo que hagas, mantente lejos de ese pozo».

Supón que, apenas Dios sale del jardín, el hombre empieza a correr y salta al pozo. A las tres en punto, Dios regresa y ve que los arbustos siguen sin podar. Llama al jardinero y escucha un grito débil desde un extremo del jardín. Se acerca al borde del pozo y ve al jardinero revolcándose desesperadamente en el fondo. Dios le dice al jardinero: «¿Por qué no podaste los arbustos que te dije que podaras?». El jardinero responde enfadado: «¿Cómo puedes esperar que pode los arbustos cuando estoy atrapado en este pozo? Si no hubieras dejado el pozo abierto aquí, no estaría en este aprieto».

Adán saltó al pozo. En Adán, todos saltamos al pozo. Dios no nos arrojó al pozo. Adán fue advertido claramente con respecto al pozo. Dios le dijo que se mantuviera lejos. Las consecuencias que Adán sufrió por estar en el pozo fueron castigos directos por haber saltado allí.

Lo mismo ocurre con el pecado original. El pecado original es el resultado y también el castigo del pecado de Adán. Nacemos pecadores porque todos caímos en Adán. De hecho, la palabra *caída* es un poco eufemística. Es una mirada optimista del asunto. El vocablo *caída* sugiere que hubo una especie de accidente. El pecado de Adán no fue un accidente. Adán no era Humpty Dumpty, el huevo que cayó de la pared. No simplemente cayó en el pecado; se arrojó hacia el pecado. Nosotros nos arrojamos de cabeza junto a él. Dios no nos empujó. No nos engañó. Nos dio advertencias suficientes y justas. La culpa es nuestra y solo nuestra.

No es que Adán haya comido las uvas agrias y ahora nuestros dientes tengan la dentera. La enseñanza bíblica es que, en Adán, todos comimos las uvas agrias. Por eso nuestros dientes tienen la dentera.

Resumen del capítulo 4

1. La presencia generalizada y universal del pecado humano no se puede explicar adecuadamente con un mito.
2. La pecaminosidad del hombre no puede ser explicada por la «sociedad».
3. La sociedad está compuesta de individuos, y cada uno de ellos debe ser pecador antes de que la sociedad pueda corromperse en su conjunto.
4. El realismo tampoco sirve como explicación porque usa una exégesis especulativa de la Escritura.

5. La visión federal de la caída toma en serio el papel de Adán como nuestro representante.

6. Adán nos representó perfectamente, no porque él fuera perfecto, sino porque Dios elige perfectamente.

7. Todos los cristianos deben tener una postura sobre la caída.

8. La gracia salvadora de Dios está dirigida a aquellos que Él sabe que son criaturas caídas.

Para estudio adicional

Cuando la mujer vio que el árbol era bueno para comer, y que era agradable a los ojos, y que el árbol era deseable para alcanzar sabiduría, tomó de su fruto y comió; y dio también a su marido que estaba con ella, y él comió. Entonces fueron abiertos los ojos de ambos, y conocieron que estaban desnudos; y cosieron hojas de higuera y se hicieron delantales (Gn 3:6-7).

He aquí, yo nací en iniquidad,
Y en pecado me concibió mi madre (Sal 51:5).

Porque me deleito más en la lealtad que en el sacrificio,
Y en el conocimiento de Dios que en los holocaustos.
Pero ellos, como Adán, han transgredido el pacto;
Allí me han traicionado (Os 6:6-7).

Otra vez el diablo lo llevó* a un monte muy alto, y le mostró* todos los reinos del mundo y la gloria de ellos, y le dijo: «Todo esto te daré, si te postras y me adoras». Entonces Jesús le dijo*: «¡Vete, Satanás!

Porque escrito está: "AL SEÑOR TU DIOS ADORARÁS, Y SOLO A ÉL SERVIRÁS"». El diablo entonces lo dejó*; y al instante, unos ángeles vinieron y le servían (Mt 4:8-11).

Porque así como por la desobediencia de un hombre los muchos fueron constituidos pecadores, así también por la obediencia de Uno los muchos serán constituidos justos (Ro 5:19).

Porque ya que la muerte entró por un hombre, también por un hombre vino la resurrección de los muertos. Porque así como en Adán todos mueren, también en Cristo todos serán vivificados (1 Co 15:21-22).

Como es el terrenal, así son también los que son terrenales; y como es el celestial, así son también los que son celestiales. Y tal como hemos traído la imagen del terrenal, traeremos también la imagen del celestial (1 Co 15:48-49).

Capítulo 5

Muerte espiritual y vida espiritual: el nuevo nacimiento y la fe

La teología reformada es famosa por un acróstico sencillo que, en el idioma inglés, fue ideado para resumir las doctrinas conocidas como los «cinco puntos del calvinismo». El acróstico deletrea la palabra *TULIP* ('tulipán' en español).

T —Total Depravity [*Depravación total*]
U —Unconditional Election [*Elección incondicional*]
L —Limited Atonement [*Expiación limitada*]
I —Irresistible Grace [*Gracia irresistible*]
P —Perseverance of the Saints [*Perseverancia de los santos*]

Este acróstico ha ayudado a muchas personas a recordar las características distintivas de la teología reformada. Lamentablemente, también ha producido grandes confusiones y muchos malentendidos. El problema de los acrósticos es que los mejores términos que tenemos a disposición para referirnos a las ideas no siempre empiezan con las letras que pueden formar palabras breves y atractivas. El acróstico cumple bien su función como herramienta mnemotécnica, pero eso es todo lo que hace.

El primer problema que tengo con el acróstico *TULIP* es su primera letra (la *T* de *total depravity*). *Depravación total* es un término muy confuso. El concepto de la depravación total suele confundirse con la idea de la depravación absoluta. En la teología reformada, la depravación total se refiere a la idea de que *toda nuestra humanidad* está caída. Es decir, no hay ninguna parte de mí que no haya sido afectada de algún modo por la caída. El pecado afecta mi voluntad, mi corazón, mi mente y mi cuerpo. Si Adán no hubiera pecado nunca, supongo que él no habría tenido que usar lentes bifocales al llegar a la mediana edad. De hecho, el término *mediana edad* no habría tenido sentido para él. Si Adán no hubiera pecado, no habría muerto. Si uno vive para siempre, ¿cuál sería la mediana edad?

La depravación total también recalca que el pecado llega hasta el núcleo de nuestro ser. El pecado no es algo periférico, un defecto ligero que mancha a un espécimen que por lo demás es perfecto. El pecado es *radical* en el sentido de que afecta la raíz (*radix)* de nuestra vida.

La depravación total no es depravación absoluta. Depravación absoluta significaría que todos somos tan pecadores como es posible serlo. Sabemos que no es así. Por mucho que todos hayamos pecado, podemos pensar en pecados peores que podríamos haber cometido. Incluso Adolf Hitler se abstuvo de asesinar a su madre.

Como la depravación total suele confundirse con la depravación absoluta, yo prefiero hablar de la *corrupción radical* [*radical corruption*] del ser humano. Sin embargo, eso arruina el acróstico. ¿Qué se supone que es un *rulip*? Tal vez, el concepto del carácter radical del pecado es el más importante que debemos entender si queremos comprender la doctrina bíblica de la predestinación. Como mencioné en la discusión sobre la incapacidad moral del hombre, este es el punto central de todo el debate.

Recuerdo que una vez dicté un curso de teología en la universidad. El alumnado estaba compuesto por un grupo interdenominacional de unos veinticinco estudiantes. Al comienzo del estudio sobre la predestinación, les pregunté a los alumnos cuántos se consideraban calvinistas en esa materia. Solo uno levantó la mano.

Partimos estudiando la pecaminosidad humana. Después de hablar varios días sobre el tema de la corrupción del ser humano, hice otra encuesta. Pregunté: «¿Cuántos están convencidos de que lo que acaban de aprender es la verdadera doctrina bíblica de la pecaminosidad humana?». Todas las manos se levantaron. «¿Están seguros?», les dije. Insistieron en que realmente lo estaban. Entonces les di una nueva advertencia: «Ahora tengan cuidado. Es posible que esto se vuelva en su contra más adelante en el curso». No importó. Insistieron en que estaban convencidos.

En ese momento de la clase, me dirigí a la esquina de la pizarra y escribí la fecha. Junto a la fecha, escribí el número 25, lo encerré en un círculo y añadí una nota para solicitarle al personal de aseo que no borrara esa parte de la pizarra.

Varias semanas después, comenzamos a estudiar la predestinación. Cuando llegué al punto de la incapacidad moral del ser humano, hubo chillidos de protesta. Entonces me dirigí a la pizarra y les recordé la encuesta anterior. Hicieron falta otras dos semanas para convencerlos de que, si realmente aceptaban la visión bíblica de la corrupción humana, el debate de la predestinación ya había terminado desde todo punto de vista.

De forma resumida, intentaré hacer lo mismo aquí. Voy a proceder con la misma precaución.

La visión bíblica de la corrupción humana

Comenzaremos a estudiar el alcance de la caída del hombre examinando Romanos 3. Aquí, el apóstol Pablo escribe:

> No hay justo, ni aun uno;
> No hay quien entienda,
> No hay quien busque a Dios.
> Todos se han desviado, a una se hicieron inútiles;
> No hay quien haga lo bueno,
> No hay ni siquiera uno (Ro 3:10-12).

Aquí encontramos una breve recapitulación de la universalidad de la corrupción humana. El pecado está tan propagado que atrapa a todos en su red. Pablo usa palabras enfáticas para mostrar que no hay excepciones para esta acusación entre los seres humanos caídos. No hay justo; no hay quien haga lo bueno.

La afirmación «No hay quien haga lo bueno, No hay ni siquiera uno» choca de lleno con nuestras suposiciones culturales. Crecemos escuchando que nadie es perfecto y que errar es humano. Estamos muy dispuestos a reconocer que ninguno de nosotros es perfecto. Es fácil admitir que somos pecadores, pero reconocer que no hay quien haga lo bueno es demasiado. Ni una de cada mil personas admitiría que el pecado es así de grave.

¿No hay quien haga lo bueno? ¿Cómo puede ser eso? Todos los días vemos paganos impíos que hacen lo bueno. Los vemos realizar acciones de sacrificio heroico, obras diligentes, prudentes y honradas. Vemos que hay incrédulos que obedecen estrictamente los límites de velocidad mientras son adelantados por coches con pegatinas que dicen: «Toca la bocina si amas a Jesús».

Pablo debe estar usando una hipérbole aquí. Debe estar exagerando intencionalmente para remarcar su punto. De seguro hay gente que hace lo bueno. ¡No! El juicio solemne de Dios es que nadie hace lo bueno, ni siquiera uno.

Nos cuesta aceptar esto porque tenemos una comprensión relativa de lo que es el bien. De hecho, el término bueno es relativo. Solo es posible juzgar que algo es bueno de acuerdo con un estándar. Los seres humanos usamos el término para compararnos entre nosotros. Cuando afirmamos que una persona es buena, queremos decir que es buena en comparación con otras personas. Pero el estándar supremo de la bondad, el estándar por el que todos seremos juzgados, es la ley de Dios. Esa ley no es Dios, pero viene de Dios y refleja el carácter perfecto de Dios mismo. Juzgados según esa norma, nadie es bueno.

En categorías bíblicas, las buenas obras se miden en dos partes. La primera consiste en su conformidad externa a la ley de Dios. Esto significa que, si Dios prohíbe robar, entonces es bueno no robar. Es bueno decir la verdad. Es bueno pagar las cuentas a tiempo. Es bueno ayudar a las personas necesitadas. Externamente, estas virtudes se realizan todos los días. Cuando las vemos, saltamos a la conclusión de que la gente sí hace cosas buenas.

La segunda parte de la medición es la que nos mete en problemas. Antes de declarar que una acción es «buena», Dios no solo considera la conformidad externa a Su ley, sino también la motivación.

Nosotros solo nos fijamos en las apariencias externas; Dios lee el corazón. Para que una obra sea considerada buena, no solo debe ajustarse externamente a la ley de Dios, sino que también debe estar motivada internamente por un amor sincero por Dios.

Recordemos que el gran mandamiento es amar al Señor nuestro Dios con todo el corazón, con todas las fuerzas y con toda la mente... y amar a nuestro prójimo como a nosotros mismos. Todas las obras que hacemos deben proceder de un corazón que ama totalmente a Dios (ver Mt 22:37-39).

Desde esta perspectiva, es fácil ver que no hay nadie que haga lo bueno. Nuestras mejores obras están manchadas por nuestras motivaciones que no son puras. Ninguno de nosotros ha amado nunca a Dios con todo su corazón y con toda su mente. La carne está presente en todas nuestras obras, y eso hace que no puedan ser perfectas.

Jonathan Edwards se refirió al concepto del *interés personal iluminado*. Este interés se refiere a la motivación que todos sentimos para hacer obras que son justas externamente y reprimir ciertos impulsos malvados de nuestro interior. Hay ciertos momentos y lugares en los que el crimen no compensa. Cuando el riesgo del castigo supera la posible recompensa de nuestro delito, nos sentimos inclinados a no cometerlo. Por otro lado, podemos ganarnos el aplauso de la gente por nuestros actos virtuosos. Podemos ganarnos una palmadita en la cabeza por parte de nuestro maestro o el respeto de nuestros pares si hacemos ciertas buenas obras.

Todo el mundo aplaude a los artistas cuando se unen para producir un álbum especial cuyas ganancias están destinadas a aliviar el hambre en Etiopía o la devastación en Haití. Los aplausos rara vez perjudican la carrera de un artista, aunque los comentarios escépticos digan que la ética y los negocios no se pueden mezclar. Por el contrario, la mayoría de las personas hemos aprendido que el comportamiento ético mejora nuestra reputación en los negocios.

No soy tan pesimista como para pensar que los gestos de los cantantes hacia el tercer mundo son solo para el aplauso personal o una mera estrategia publicitaria. Resulta indudable que uno de los motivos fuertes es la compasión y el cuidado por las personas que sufren. Por otra parte, tampoco soy tan ingenuo como para pensar que en esas motivaciones no hay nada de interés personal. Puede que la compasión supere con creces el interés personal, pero, por minúsculo que sea, hay al menos un granito de interés personal. Siempre está ahí, en todos nosotros. Si negamos esto, sospecho que nuestra propia negación está parcialmente motivada por el interés personal.

Queremos negar esta acusación. A veces experimentamos en el corazón un sentimiento abrumador de que tan solo estamos cumpliendo con el deber. Nos gusta pensar que de verdad somos altruistas, pero nadie nos halaga más que nosotros mismos. En ocasiones, la balanza de nuestras motivaciones puede inclinarse con fuerza hacia el lado del altruismo, pero nunca lo hace de forma perfecta.

Dios no reajusta la escala en Sus exámenes para que haya menos reprobados. Él exige perfección. Ninguno de nosotros alcanza ese nivel. No hacemos lo que Dios manda, nunca. Por lo tanto, el apóstol no se está dando el gusto de usar una hipérbole. Su juicio es preciso: No hay nadie que haga lo bueno, ni siquiera uno. El propio Jesús ratificó esta opinión en Su conversación con el joven rico: «Nadie es bueno, sino solo uno, Dios» (Lc 18:19).

Por muy molesta que sea esta acusación, hay otro elemento del pasaje de Romanos que puede producirnos aún más consternación, en especial a los cristianos evangélicos que dicen y piensan lo contrario. Pablo afirma: «No hay quien busque a Dios».

¿Cuántas veces has oído decir a creyentes, o has dicho tú mismo: «Esa persona no es cristiana, pero está buscando»? Es una afirmación común entre los cristianos. La idea es que en todos lados hay gente buscando a Dios. Su problema es que simplemente no han sido capaces de encontrarlo. Él está jugando a las escondidas. Es esquivo.

En el huerto del Edén, cuando el pecado entró al mundo, ¿quién se escondió? Jesús vino al mundo para *buscar* y salvar a los perdidos. Jesús no fue el que se escondió. Dios no es un fugitivo. Nosotros somos los fugitivos. La Escritura afirma que el impío huye sin que nadie lo persiga (ver Pr 28:1). Como dijo Dios a través de Moisés: «el sonido de una hoja que se mueva los ahuyentará» (Lv 26:36). La enseñanza uniforme de la Escritura es que los hombres caídos huyen de Dios. No hay ninguno que busque a Dios.

¿Por qué, entonces, se empeñan los cristianos en afirmar que conocen personas que están buscando a Dios, pero aún no lo encuentran, aunque la Biblia enseña tan claramente lo contrario? Tomás de Aquino arrojó algo de luz sobre este asunto. Aquino dijo que confundimos dos acciones humanas que son similares, pero diferentes. Vemos personas que están buscando desesperadamente paz mental, alivio de su culpa, un sentido y propósito para su vida y aceptación amorosa. Sabemos que, en última instancia, todo esto solo puede encontrarse en Dios. Por lo tanto, concluimos que, como la gente está buscando esas cosas, debe estar buscando a Dios.

La gente no busca a Dios. Busca los *beneficios que solo Dios puede dar*. El pecado del hombre caído es este: busca los beneficios de Dios, pero al mismo tiempo huye de Dios. Por naturaleza, somos fugitivos.

La Biblia nos dice reiteradamente que busquemos a Dios. El Antiguo Testamento clama: «Busquen al SEÑOR mientras puede ser hallado» (Is 55:6). Jesús dijo: «Busquen, y hallarán; llamen, y se les abrirá» (Mt 7:7). La conclusión que sacamos de estos textos es que, como se nos llama a buscar a Dios, eso necesariamente significa que, incluso en nuestro estado caído, tenemos la capacidad moral de efectuar esa búsqueda. Pero ¿a quiénes están dirigidos estos textos? En el caso del Antiguo Testamento, el pueblo de Israel es el llamado a buscar al Señor. En el Nuevo Testamento, los creyentes somos los llamados a buscar el reino.

Todos hemos escuchado evangelistas que citan las siguientes palabras de Apocalipsis: «Yo estoy a la puerta y llamo; si alguien oye Mi voz y abre la puerta, entraré a él, y cenaré con él y él conmigo» (Ap 3:20). Por lo general, el evangelista aplica este versículo como si fuera un llamado para los inconversos, y dice: «Jesús está llamando a la puerta de tu corazón. Si abres la puerta, Él entrará». Sin embargo, en las palabras originales, Jesús se estaba dirigiendo a la iglesia. No era un llamado evangelizador.

¿Entonces? Lo que estoy diciendo es que buscar es algo que los incrédulos no hacen por sí mismos. *Los incrédulos no buscan. Los incrédulos no llaman a la puerta.* Buscar es la ocupación de los creyentes. Edwards dijo: «La búsqueda del reino de Dios es la actividad primordial de la vida cristiana». Buscar es el resultado de la fe, y no la causa de la fe.

Cuando somos convertimos a Cristo, usamos términos de descubrimiento para referirnos a nuestra conversión. Hablamos de encontrar a Cristo. Puede que tengamos una pegatina en el parachoques que dice: «Lo encontré». Desde luego, esas afirmaciones son ciertas. La ironía es la siguiente: una vez que encontramos a Cristo, no llegamos al final, sino al principio de nuestra búsqueda. Normalmente, cuando encontramos lo que estamos buscando, significa que terminó la búsqueda. Pero cuando «encontramos» a Cristo, ese es el comienzo de nuestra búsqueda. La vida cristiana empieza en la conversión; no termina en el mismo lugar donde empieza. Va creciendo; se mueve de fe en fe, de gracia en gracia, de vida en vida. Este movimiento de crecimiento es impulsado por la búsqueda continua de Dios.

Hay un detalle más en Romanos 3 que debemos examinar brevemente. El apóstol no solo afirma que nadie busca a Dios, sino que también añade la siguiente idea: «TODOS SE HAN DESVIADO, A UNA SE HICIERON INÚTILES». Debemos recordar que Pablo está hablando aquí sobre el hombre caído, el hombre natural, el hombre inconverso. Está describiendo a las personas que todavía están en la carne.

¿Qué quiere decir el apóstol con lo de inútiles? Anteriormente, Jesús había hablado de los siervos inútiles. La utilidad tiene que ver con valores positivos. El inconverso, que obra en la carne, no consigue nada de valor permanente. En la carne, puede ganar todo el mundo, pero pierde lo más valioso para él mismo: su propia alma. La posesión más valiosa que una persona puede tener es Cristo. Él es la perla de gran precio. Tenerlo a Él es tener la mayor ganancia posible.

La persona que está muerta espiritualmente no puede, en su propia carne, obtener la ganancia de Cristo. Tal persona es descrita como alguien que no tiene temor de Dios delante de sus ojos (ver Ro 3:18). Los que no son justos, los que no hacen el bien, los que jamás buscan a Dios, los que son totalmente inútiles y los que no tienen temor de Dios delante de sus ojos nunca inclinan su propio corazón a Cristo.

La vivificación de la muerte espiritual

La cura de la muerte espiritual es que Dios Espíritu Santo cree vida espiritual en nuestras almas. En Efesios, se nos da un resumen de esa obra:

> Y *Él les dio vida* a ustedes, que estaban muertos en sus delitos y pecados, en los cuales anduvieron en otro tiempo según la corriente de este mundo, conforme al príncipe de la potestad del aire, el espíritu que ahora opera en los hijos de desobediencia. Entre ellos también todos nosotros en otro tiempo vivíamos en las pasiones de nuestra carne, satisfaciendo los deseos de la carne y de la mente, y éramos por naturaleza hijos de ira, lo mismo que los demás.
>
> Pero Dios, que es rico en misericordia, por causa del gran amor con que nos amó, aun cuando estábamos muertos en *nuestros* delitos, nos dio vida juntamente con Cristo (por gracia ustedes han sido salvados), y con Él *nos* resucitó y con Él *nos* sentó en los *lugares* celestiales en Cristo Jesús, a fin de poder mostrar en los siglos venideros las sobreabundantes riquezas de Su gracia por *Su* bondad para con nosotros en Cristo Jesús.
>
> Porque por gracia ustedes han sido salvados por medio de la fe, y esto no procede de ustedes, *sino que es* don de Dios; no por obras, para que nadie se gloríe. Porque somos hechura Suya, creados en Cristo Jesús para *hacer* buenas obras, las cuales Dios preparó de antemano para que anduviéramos en ellas (Ef 2:1-10).

Aquí encontramos el pasaje de la predestinación por excelencia. Nota que en toda esta sección Pablo enfatiza fuertemente las riquezas de la gracia de Dios. Nunca debemos subestimar esa gracia. Este pasaje celebra la novedad de vida que el Espíritu Santo ha creado en nosotros.

Esta obra del Espíritu a veces se denomina vivificación. Este término que rara vez se escucha en el lenguaje común, se emplea casi exclusivamente para describir un acontecimiento que ocurre durante el embarazo. En ese caso, la «vivificación» es la primera vez que la mujer siente la vida del bebé que lleva en su vientre.

Lo que aquí llamamos vivificación u otorgamiento de vida es lo que en otros lugares se denomina nuevo nacimiento o regeneración. El término *regeneración*, como sugiere la propia palabra, significa 'volver a generar'. Generar es hacer que algo ocurra o comience. Nos viene a la mente el primer libro de la Biblia, el libro de los comienzos, Génesis. El prefijo *re* simplemente significa 'de nuevo'. Por tanto, la palabra *regeneración* significa 'volver a empezar algo'. De lo que estamos hablando aquí es del nuevo comienzo de la vida, del comienzo de la vida espiritual.

Notemos que esta imagen de vida se contrasta con una imagen de muerte. Aquí, se describe al hombre caído como «muerto en el pecado». Para que alguien que está muerto a las cosas de Dios cobre vida para Dios, hay que hacer algo *en* él y *por* él. Los muertos no se pueden dar vida a sí mismos. Los muertos no pueden crear vida espiritual en su interior. Pablo deja claro como el agua que es Dios quien da vida; es Dios quien nos vivifica de la muerte espiritual.

Los hombres caídos están muertos en el pecado. Se les describe aquí como «por naturaleza hijos de ira». Su patrón caído es el de andar «según la corriente de este mundo». No son leales a Dios, sino al príncipe de la potestad del aire. Pablo afirma que este no es solo el estado de los peores pecadores, sino la condición anterior que tuvieron él mismo y sus hermanos y hermanas en Cristo («Entre ellos también todos nosotros en otro tiempo vivíamos en las pasiones de nuestra carne, satisfaciendo los deseos de la carne...»).

La mayoría de las posturas no reformadas de la predestinación no consideran seriamente el hecho de que el ser humano caído está espiritualmente muerto. Hay otras posturas evangélicas que reconocen que el hombre está caído y que su caída es un asunto serio. Incluso admiten que el pecado es un problema radical. Están dispuestas a admitir que el hombre no está solo enfermo, sino letalmente enfermo, enfermo de muerte. Pero aún no ha muerto por completo. Todavía le queda un pequeño aliento de vida espiritual en el cuerpo. Todavía le queda un islote de justicia en el corazón, una capacidad moral ínfima y débil que conserva en su condición caída.

He escuchado dos ilustraciones de labios de evangelistas que imploran a sus oyentes que se arrepientan y se conviertan. La primera es la analogía de una persona que padece una enfermedad terminal. Se dice que el pecador está gravemente enfermo, incluso al borde de la muerte. No tiene el poder de curarse de la enfermedad. Está en su lecho de muerte, casi totalmente paralizado. No puede recuperarse a menos que Dios le proporcione la medicina sanadora. El hombre está tan mal que ni siquiera puede extender el brazo para recibir la medicina. Está casi en coma. No solo es necesario que Dios le ofrezca la medicina, sino que debe ponerla en una cuchara y colocarla junto a los labios del moribundo. Si Dios no hace todo eso, es seguro que el hombre morirá. Pero, aunque Dios haga el 99% de lo necesario, el hombre aún debe hacer el 1%. Debe abrir la boca para recibir la medicina. Ese es el ejercicio necesario del libre albedrío que marca la diferencia entre el cielo y el infierno. El hombre que abra la boca para recibir el don de gracia que es la medicina se salvará. El que mantenga la boca cerrada perecerá.

Esa analogía *casi* le hace justicia a la Biblia y a lo que Pablo enseña sobre la gracia de la regeneración. Pero no del todo. La Biblia no habla de pecadores enfermos de muerte. Según Pablo, están *muertos*. No les queda ni un ápice de vida espiritual. Si han de ser vivificados, Dios debe hacer algo más que ofrecerles la medicina. Los muertos no abren la boca para recibir nada. Sus mandíbulas están cerradas con las llaves de la muerte. El *rigor mortis* ya entró en acción. Deben ser resucitados de entre los muertos. Deben ser nuevas creaciones, hechas por Cristo y renacidas por Su Espíritu.

Hay una segunda ilustración que es igual de popular entre las personas comprometidas con la evangelización. En esta imagen, el ser humano caído es visto como alguien que se está ahogando y que no sabe nadar. Se ha hundido dos veces y ha salido a la superficie por última vez. Si vuelve a hundirse, morirá. Su única esperanza es que Dios le lance un salvavidas. Dios le lanza el salvavidas y lo hace caer justo al alcance de sus dedos extendidos. Lo único que el hombre tiene que hacer para salvarse es agarrarlo. Si se agarra del salvavidas, Dios lo arrastrará hacia la orilla. Si rechaza el salvavidas, es seguro que morirá.

Una vez más, en esta ilustración se pone de relieve la impotencia absoluta del hombre pecador sin la asistencia de Dios. La persona que se está ahogando se encuentra en una situación grave. No puede salvarse a sí misma. Sin embargo, sigue viva; aún puede estirar los dedos. Sus dedos son el vínculo crucial para la salvación. Su destino eterno depende de lo que haga con los dedos.

Pablo dice que el hombre está muerto. No solo se está ahogando, sino que ya se hundió al fondo del mar. Es inútil lanzarle un salvavidas a una persona que ya se ahogó. Si entiendo bien a Pablo, lo que está diciendo es que Dios se arroja al agua, saca al hombre muerto del fondo del mar y luego, en un acto divino, le hace respiración boca a boca. Exhala en el muerto vida nueva.

Es importante recordar que la regeneración tiene que ver con vida nueva; se llama nuevo nacimiento o nacer de nuevo. Hay mucha confusión sobre este asunto. En la Biblia, el nuevo nacimiento está estrechamente relacionado con la vida nueva que es nuestra en Cristo. Así como en la biología natural no puede haber vida sin un nacimiento, tampoco en el plano sobrenatural puede haber vida nueva sin un nuevo nacimiento.

El nacimiento y la vida tienen una relación estrecha, pero no son exactamente lo mismo. El nacimiento es el comienzo de una vida nueva. Es un momento decisivo. Entendemos eso en el plano biológico normal. Todos los años celebramos nuestro cumpleaños. No somos como la reina de *Alicia en el país de las Maravillas* que celebraba todos sus «no cumpleaños». El nacimiento es una experiencia única. Puede celebrarse, pero no repetirse. Es un momento de transición decisivo. O bien una persona ya nació o aún no ha nacido.

Lo mismo ocurre con el nuevo nacimiento espiritual. El nuevo nacimiento produce una vida nueva. Es el comienzo de una vida nueva, pero no la totalidad de la vida nueva. Es el punto de transición crucial de la muerte espiritual a la vida espiritual. Jamás habrá alguien que haya nacido de nuevo parcialmente. Has sido regenerado o no has sido regenerado.

La clara enseñanza bíblica sobre la regeneración es que es obra de Dios y solo de Dios. No podemos hacernos nacer de nuevo a nosotros mismos. La carne no puede producir espíritu. La regeneración es un acto de *creación*. Dios realiza el acto de crear.

En el lenguaje teológico, tenemos un tecnicismo que puede resultar útil; se trata de la palabra *monergismo*. Viene de las raíces de dos vocablos. *Mono* significa 'uno'. Un monopolio es un negocio que domina todo el mercado por sí mismo. Un monoplano es un avión con una sola ala. Tal vez la raíz *erg* te recuerde al *ergio*, una unidad de medida de trabajo que podrías haber conocido en la escuela primaria. De esta raíz obtenemos la palabra común *energía*.

Juntando las partes, llegamos al significado de 'un solo trabajador'. Cuando afirmamos que la regeneración es monergista, queremos decir que solo hay una parte que hace el trabajo. Esa parte es Dios Espíritu Santo. Él nos regenera; nosotros no podemos hacerlo por cuenta propia y ni siquiera ayudarlo en la tarea.

Es posible que tengas la impresión de que estamos tratando a los seres humanos como si fueran marionetas. Las marionetas son de madera; no pueden responder; son inertes, inanimadas; las movemos mediante hilos. Pero no estamos hablando de marionetas, sino de humanos que son cadáveres espirituales. Estos humanos no tienen corazones de aserrín, sino de piedra. No son manipulados mediante hilos. Están vivos en el sentido biológico. Actúan y toman decisiones, pero jamás decisiones a favor de Dios.

Cuando Dios decide regenerar un alma humana, cuando Dios nos vivifica espiritualmente, tomamos decisiones. Creemos. Tenemos fe. Nos aferramos a Cristo. Dios no cree por nosotros. La fe no es monergista.

Ya hemos hablado del drama del hombre caído y del estado de su voluntad humana. Afirmamos que, aunque está caído, sigue teniendo libre albedrío en el sentido de que aún puede tomar decisiones. Su problema, que definimos como incapacidad moral, es que no desea a Cristo. Es reacio y reticente hacia Cristo. El ser humano jamás escogerá a Cristo a menos que, o hasta que, esté inclinado hacia Él. Jamás recibirá a Cristo si primero no lo desea.

En la regeneración, Dios cambia nuestros corazones. Nos da una nueva disposición, una nueva inclinación. Implanta un deseo por Cristo en nuestros corazones. Nunca podremos confiar en Cristo para nuestra salvación sin desearlo primero. Esa es la razón por la que dijimos antes que *la regeneración precede a la fe*. Sin el nuevo nacimiento, no tenemos ningún deseo por Cristo. Si no deseamos a Cristo, nunca lo elegiremos. Por lo tanto, concluimos que, antes de que alguien crea, antes de que alguien *pueda* creer, Dios debe cambiar la disposición de su corazón.

Cuando Dios nos regenera, ese es un acto de gracia. Volvamos a Efesios 2: «Pero Dios, que es rico en misericordia, por causa del gran amor con que nos amó, aun cuando estábamos muertos en *nuestros* delitos, nos dio vida...».

En mi escritorio, tengo un cartel que me bordó una hermana de una iglesia en la que serví. Simplemente dice: «Pero». Cuando Pablo repasa la condición espiritual del hombre caído, eso basta para que nos desesperemos. Finalmente, llega a la palabra mágica que nos hace suspirar de alivio: «Pero». Sin esta, estamos condenados a perecer. El «pero» capta la esencia de las buenas nuevas.

Pablo dice: «Pero Dios, que es rico en misericordia...». Nota que no dice: «Pero el hombre, que es rico en bondad». Solo Dios es quien nos da vida. ¿Cuándo lo hace? Pablo no nos deja en la incertidumbre. Dice: «...aun cuando estábamos muertos en *nuestros* delitos». Esta es la parte asombrosa de la gracia, que nos es dada cuando estamos espiritualmente muertos.

Pablo concluye que es un asunto de gracia y no un asunto de obras. Su excelente resumen es: «Porque por gracia ustedes han sido salvados por medio de la fe, y esto no procede de ustedes, *sino que es* don de Dios». Este pasaje debería zanjar la cuestión para siempre. La fe por la que somos salvos es un don. Cuando el apóstol afirma que no es de nosotros, no está diciendo que no sea nuestra fe. Reitero, Dios no cree por nosotros. Es nuestra propia fe, pero no se origina en nosotros. Nos es dada. No ganamos ni merecemos el don. Es un don de pura gracia.

Durante la Reforma protestante, hubo tres lemas que se volvieron famosos. Son frases en latín: *sola fide, sola gratia* y *soli Deo gloria*. Esos tres lemas van de la mano. Nunca deben separarse entre sí. Significan: 'por la fe sola', 'por la gracia sola' y 'a Dios solo la gloria'.

¿Gracia irresistible?

La mayoría de los cristianos concuerdan en que la obra divina de la regeneración es una obra de gracia. El punto que nos divide es si esa gracia es irresistible o no. ¿Es posible que alguien reciba la gracia de la regeneración y aun así no llegue a la fe?

El calvinista responde con un rotundo «¡no!», pero no porque crea que la gracia salvadora de Dios sea literalmente irresistible. Una vez más, hallamos un problema en el viejo acróstico *TULIP*. Ya hemos cambiado *tulip* por *rulip* y ahora vamos a tener que cambiarlo un poco más. Lo llamaremos *rulep*.

El término *gracia irresistible* [*irresistible grace*] es confuso. Todos los calvinistas creen que los seres humanos pueden resistirse y, de hecho, se resisten a la gracia de Dios. La pregunta es esta: «¿Es posible que la gracia de la regeneración no cumpla su propósito?». Recuerda que las personas espiritualmente muertas siguen estando vivas en el sentido biológico. Siguen teniendo una voluntad que es reacia a Dios. Hacen todo lo que esté en su poder para resistir la gracia. La historia de Israel es la historia de un pueblo duro de corazón y de cerviz que resistió la gracia de Dios en reiteradas ocasiones.

La gracia de Dios es resistible en el sentido de que podemos resistirnos a esta y realmente lo hacemos. Es irresistible en el sentido de que logra su propósito. Produce el efecto que Dios desea. Por eso prefiero usar el término *gracia eficaz* [*effectual grace*].

Estamos hablando de la gracia de la regeneración. Recordemos que, en la regeneración, Dios crea en nosotros un deseo por Sí mismo. Pero cuando ese deseo es implantado en nosotros, seguimos funcionando como siempre lo hemos hecho, tomando nuestras decisiones según la motivación más intensa del momento. Si Dios nos da un deseo por Cristo, actuaremos según ese deseo. Sin duda alguna, elegiremos el objeto de ese deseo; es decir, elegiremos a Cristo. Cuando Dios nos da vida espiritual, nos convertimos en seres espiritualmente vivos. Dios no solo crea la mera posibilidad de que seamos vivificados espiritualmente. Él crea vida espiritual en nosotros. Cuando Él crea algo, eso se hace realidad.

Hablamos del *llamado interno de Dios*. El llamado interno de Dios es tan poderoso y eficaz como Su llamado para crear el mundo. Dios no invitó al mundo a existir. Por mandato divino, ordenó «Sea la luz», y fue la luz. No podía ser de otro modo. La luz *tuvo* que empezar a brillar.

¿Habría sido posible que Lázaro se quedara en el sepulcro cuando Jesús lo llamó a salir? Jesús gritó: «¡Lázaro, sal fuera!» (Jn 11:43-44). El hombre se desprendió de su ropaje fúnebre y salió de la tumba. Cuando Dios crea, ejerce un poder que solo Dios tiene. Solo Él tiene el poder de crear cosas de la nada y vida de la muerte.

Hay mucha confusión sobre este punto. Recuerdo bien la primera clase que escuché dictar a John Gerstner. Era sobre el tema de la predestinación. Poco después de empezar la lección, el Dr. Gerstner fue interrumpido por un estudiante que agitaba la mano en el aire. Gerstner se detuvo y le dio la palabra al alumno, quien preguntó: «Dr. Gerstner, ¿es correcto asumir que usted es calvinista?». «Sí», contestó Gerstner, y continuó con la clase. Unos instantes después, surgió un rayo de luz en los ojos del docente, quien, dejando una oración a medias, le preguntó al estudiante: «¿Qué significa para ti ser calvinista?».

El alumno respondió: «Un calvinista es alguien que cree que Dios obliga a algunas personas a elegir a Cristo e impide que otras personas lo hagan». Gerstner se horrorizó y dijo: «Si eso es ser calvinista, ten por seguro que yo no soy calvinista».

La idea errónea sobre la gracia irresistible que tenía el estudiante está muy difundida. Escuché una vez al presidente de un seminario presbiteriano afirmar: «No soy calvinista porque no creo que Dios contravenga la voluntad de algunas personas para llevarlas a Su reino mientras patalean y gritan, y, al mismo tiempo, excluya de Su reino a otras personas que desean desesperadamente estar allí».

Quedé asombrado cuando oí esas palabras. No creía que fuera posible que el presidente de un seminario presbiteriano tuviera una idea tan abiertamente errónea de la teología de su propia iglesia. Estaba repitiendo una caricatura que no podía estar más alejada de lo que es el calvinismo.

El calvinismo no enseña ni ha enseñado nunca que Dios lleve a la gente gritando y pataleando al reino, ni que alguna vez haya excluido a alguien que quisiera estar allí. Recuerda que el punto cardinal de la doctrina reformada de la predestinación se basa en la enseñanza bíblica de la muerte espiritual del ser humano. El hombre natural no quiere acudir a Cristo. Solo querrá a Cristo si Dios implanta en su corazón un deseo por Cristo. Una vez que ese deseo es implantado, los que acuden a Cristo no van pataleando ni gritando contra su voluntad. Acuden porque quieren acudir. Ahora desean a Jesús; corren hacia el Salvador. La idea central de la gracia irresistible es que el nuevo nacimiento vivifica a las personas para vida espiritual, de modo que ahora ven a Jesús en Su dulzura irresistible. Jesús es irresistible para los que han sido vivificados a las cosas de Dios. Todas las almas que tienen corazones que palpitan con la vida de Dios en su interior anhelan al Cristo vivo. Todos los que el Padre le da a Cristo vienen a Cristo (ver Jn 6:37).

El término *gracia eficaz* puede ayudar a evitar cierta confusión. La gracia eficaz es una gracia que produce lo que Dios desea.

¿Cómo se diferencia esta postura de las visiones no reformadas de la regeneración? La postura alternativa más popular se basa en el concepto de la gracia preveniente.

Gracia preveniente

Como indica su nombre, la gracia preveniente es una gracia que «viene antes» de algo. Por lo general, se define como una obra que Dios hace por todos los que responden a Él. Él les da a todas las personas la gracia suficiente para responder a Jesús. Es decir, es una gracia suficiente para que sea *posible* que las personas elijan a Cristo. Los que consienten a esta gracia y cooperan con ella son «elegidos». Los que se niegan a cooperar con esta gracia están perdidos.

La fortaleza de esta postura es que reconoce que la condición espiritual del hombre caído es lo suficientemente grave como para requerir que la gracia de Dios lo salve. La debilidad de esta postura se aprecia de dos maneras. Si esta gracia preveniente solo es externa al ser humano, falla del mismo modo que las analogías de la medicina y del salvavidas.

¿De qué sirve la gracia preveniente si se ofrece de forma externa a criaturas que están espiritualmente muertas?

Por otra parte, si la gracia preveniente es algo que Dios hace en el corazón del hombre caído, debemos preguntarnos por qué no es siempre eficaz. ¿Por qué algunas criaturas caídas deciden cooperar con la gracia preveniente y otras deciden no hacerlo? ¿No reciben todos la misma cantidad?

Piénsalo así, en términos personales. Si eres cristiano, de seguro conoces a otras personas que no son cristianas. ¿Por qué elegiste tú a Cristo y ellas no? ¿Por qué le dijiste que sí a la gracia preveniente, pero ellas le dijeron que no? ¿Fue porque tú eras más justo que ellas? Si es así, en verdad tienes algo de lo que gloriarte. ¿Esa mayor justicia fue algo que lograste por ti mismo o fue un don de Dios? Si fue algo que tú lograste, al final tu salvación depende de tu propia justicia. Si esa justicia fue un don, ¿por qué Dios no les dio el mismo don a todos?

Quizá no fue porque tú fueras más justo. Quizá fue porque eres más inteligente. ¿Por qué eres más inteligente? ¿Porque estudias más (lo que en realidad significa que eres más justo)? ¿O eres más inteligente porque Dios te dio un don de inteligencia que no les concedió a otros?

Desde luego, la mayoría de los cristianos que adoptan la postura de la gracia preveniente evitarían esas respuestas porque ven la arrogancia implícita en estas. En cambio, es más probable que digan: «No, yo elegí a Cristo porque reconocí que lo necesitaba desesperadamente».

Es indudable que eso suena más humilde. Pero debo insistir en la pregunta. ¿Por qué reconociste que necesitas desesperadamente a Cristo, pero tu vecino no lo hizo? ¿Fue porque eras más justo o más inteligente que tu vecino?

La pregunta clave para los defensores de la gracia preveniente es por qué algunas personas cooperan con esa gracia y otras no. La respuesta que le demos a esta pregunta revelará qué tanta gracia en verdad creemos que hay en nuestra salvación.

La pregunta del millón es: «¿Enseña la Biblia esa doctrina de la gracia preveniente? Si es así, ¿dónde?».

Concluimos que nuestra salvación es del Señor. Él es el que nos regenera. Aquellos a los que Él regenera vienen a Cristo. Sin la regeneración, nunca nadie vendrá a Cristo. Con la regeneración, nunca nadie lo rechazará. La gracia salvadora de Dios consigue lo que Él pretende conseguir por medio de esta (ver Jn 6:37-40, 44).

Resumen del capítulo 5

1. Nuestra salvación fluye de la iniciativa divina. Dios Espíritu Santo es el que liberta a los cautivos. Él es el que exhala la vida espiritual en nosotros y nos resucita de la muerte espiritual.

2. Nuestra condición antes de la vivificación es una de muerte espiritual. Este estado es más severo que una simple enfermedad mortal. No hay ni un ápice de vida espiritual en nosotros hasta que Dios nos da vida.

3. Sin el nuevo nacimiento, nadie acudirá a Cristo. Todos los que han nacido de nuevo vienen a Cristo. Los que están muertos a las cosas de Dios permanecen muertos a las cosas de Dios si Dios no los vivifica. Aquellos a los que Dios vivifica cobran vida. La salvación es del Señor.

Para estudio adicional

*Además, el S*ENOR *tu Dios circuncidará tu corazón y el corazón de tus descendientes, para que ames al S*EÑOR *tu Dios con todo tu corazón y con toda tu alma, a fin de que vivas* (Dt 30:6).

Porque el palacio ha sido abandonado,
    hecha un desierto la populosa ciudad.
Colina y atalaya se han convertido en cuevas para siempre,
Un deleite para asnos monteses, un pasto para rebaños;
Hasta que se derrame sobre nosotros el Espíritu desde lo alto,
El desierto se convierta en campo fértil
Y el campo fértil sea considerado como bosque (Is 32:14-15*).*

*Entonces Él me dijo: «Hijo de hombre, estos huesos son toda la casa de Israel. Ellos dicen: "Nuestros huesos se han secado, y nuestra esperanza ha perecido. Estamos completamente destruidos". Por tanto, profetiza, y diles: "Así dice el Señor D*IOS*: 'Voy a abrir sus sepulcros y los haré subir de sus sepulcros, pueblo Mío, y los llevaré a la tierra de Israel. Y sabrán que Yo soy el S*EÑOR*, cuando abra sus sepulcros y los haga subir a ustedes de sus sepulcros, pueblo Mío. Pondré Mi Espíritu en ustedes, y vivirán, y los estableceré en su tierra. Entonces sabrán que Yo, el S*EÑOR*, he hablado y lo he hecho', declara el S*EÑOR*"»* (Ez 37:11-14).

Jesús le contestó: «En verdad te digo que el que no nace de nuevo no puede ver el reino de Dios» (Jn 3:3).

Porque la ley del Espíritu de vida en Cristo Jesús te ha libertado de la ley del pecado y de la muerte (Ro 8:2).

Pero Dios, que es rico en misericordia, por causa del gran amor con que nos amó, aun cuando estábamos muertos en nuestros delitos, nos dio vida juntamente con Cristo (por gracia ustedes han sido salvados), y con Él nos resucitó, y con Él nos sentó en los lugares celestiales en Cristo Jesús, a fin de poder mostrar en los siglos venideros las sobreabundantes riquezas de Su gracia por Su bondad para con nosotros en Cristo Jesús (Ef 2:4-7).

Capítulo 6

El previo conocimiento y la predestinación

La gran mayoría de los cristianos que rechazan la postura reformada de la predestinación adoptan lo que a veces se conoce como predestinación basada en el previo conocimiento o en la presciencia. En pocas palabras, esta postura enseña que Dios sabía desde la eternidad cómo íbamos a vivir; sabía de antemano si recibiríamos o rechazaríamos a Cristo; conocía nuestras decisiones libres desde antes de que las tomáramos. Por lo tanto, cuando Dios eligió nuestro destino eterno, lo hizo sobre la base de lo que Él sabía que elegiríamos. Él nos elige porque sabe de antemano que lo elegiremos. Entonces, los escogidos son las personas que Dios sabe que elegirán libremente a Cristo.

El decreto eterno de Dios y la libre elección del hombre quedan intactos de acuerdo con este entendimiento. Desde este punto de vista, no hay nada arbitrario en las decisiones de Dios. Nadie dice que quedamos reducidos a marionetas o que nuestro libre albedrío es violentado. Dios queda claramente absuelto de toda sospecha de maldad. En última instancia, la base de nuestro juicio supremo radica en nuestra decisión por Cristo o contra Cristo.

Esta visión de la predestinación tiene muchos aspectos dignos de elogiar. Es muy satisfactoria y tiene las ventajas que ya mencioné anteriormente. Además, parece contar con al menos un pasaje bíblico que la respalda fuertemente. Si volvemos a observar la carta de Pablo a los romanos, leemos:

> Porque a los que de antemano conoció, también *los* predestinó *a ser* hechos conforme a la imagen de Su Hijo, para que Él sea el primogénito entre muchos hermanos. A los que predestinó, a esos también llamó. A los que llamó, a esos también justificó. A los que justificó, a esos también glorificó (Ro 8:29-30).

Este célebre pasaje de Romanos ha sido denominado «la cadena dorada de la salvación». Allí vemos una especie de orden que parte con el previo conocimiento de Dios y termina en la glorificación del creyente. La postura del previo conocimiento considera crucial que, en este texto, el previo conocimiento de Dios sea *anterior a* la predestinación divina.

Tengo un gran aprecio por la postura de la predestinación basada en el previo conocimiento. Yo mismo la adopté antes de rendirme a la visión reformada. Pero la abandoné por varias razones. Una de las más importantes es que me he convencido de que la postura del previo conocimiento no es una explicación, sino más bien una negación de la doctrina bíblica de la predestinación. No toma en cuenta todo el consejo de Dios sobre el asunto.

Quizá la mayor debilidad de la postura del previo conocimiento es el pasaje que cita como su mayor fortaleza. Con un análisis más detenido, el pasaje de Romanos citado anteriormente se convierte en un problema serio para la postura del previo conocimiento. Por un lado, los que recurren a este para respaldar la postura del previo conocimiento encuentran demasiado poco allí. Es decir, el pasaje enseña menos de lo que los defensores del previo conocimiento quisieran que enseñe y, al mismo tiempo, enseña más de lo que ellos quisieran.

¿Cómo puede ser esto? Para empezar, la conclusión de que la predestinación divina es determinada por el previo conocimiento de Dios no se deriva del pasaje. Pablo no dice que Dios elija a las personas basándose en el previo conocimiento de sus decisiones. El texto no afirma esa idea ni la da a entender. Lo único que afirma el texto es que Dios predestina a los que de antemano conoció. Nadie que esté en este debate niega que Dios tenga previo conocimiento. Ni siquiera Dios podría escoger individuos de los que no supiera nada. Antes de poder elegir a Jacob, debe haber tenido una idea de él en Su mente. Pero el texto no enseña que Dios eligiera a Jacob basándose en lo que Jacob elegiría.

Para ser justos, debemos decir al menos que el orden del previo conocimiento y luego predestinación que encontramos en Romanos 8 es compatible con la postura del previo conocimiento. El resto del pasaje es el que crea dificultades.

Nota el orden de los eventos del pasaje: previo conocimiento, predestinación, llamado, justificación, glorificación.

El problema crucial tiene que ver con la relación entre el llamado y la justificación. ¿A qué se refiere Pablo cuando habla de «llamado»? El Nuevo Testamento habla del llamado divino en más de un sentido. En términos teológicos, distinguimos entre el llamado *externo* de Dios y Su llamado *interno*.

Encontramos el llamado externo de Dios en la predicación del evangelio. Cuando el evangelio es predicado, todos los que lo escuchan son llamados o convocados a acudir a Cristo, pero no todos responden positivamente. No todos los que escuchan el llamado externo del evangelio terminan siendo creyentes. A veces, el llamado del evangelio cae en oídos sordos.

Ahora, sabemos que solo los que responden con fe al llamado externo del evangelio son justificados. La justificación es por la fe. Pero, vuelvo a repetir, no todas las personas que escuchan con los oídos la predicación externa del evangelio responden con fe. Por lo tanto, debemos concluir que no todos los que son llamados externamente son justificados.

Sin embargo, Pablo dice en Romanos que a los que Dios llama, los justifica. Ahora bien, admitimos que la Biblia no dice de forma explícita que Dios justifique a todos los que llama. Estamos añadiendo la palabra *todos*. Quizá somos tan culpables de imponerle al pasaje cosas que no contiene como lo son los que abogan por la postura del previo conocimiento.

Cuando aquí añadimos la palabra *todos*, estamos respondiendo a una implicación del texto. Estamos haciendo una inferencia. Pero ¿es una inferencia legítima? Yo creo que sí.

Si Pablo no quiso decir que todos los llamados son justificados, la única alternativa sería que *algunos* de los llamados son justificados. Si añadimos la palabra «*algunos*» en vez de «*todos*», tenemos que ponerla en toda la cadena dorada. Entonces, quedaría así:

A algunos de los que de antemano conoció, también los predestinó. A algunos de los que predestinó, también los llamó. A algunos de los que llamó, también los justificó. A algunos de los que justificó, también los glorificó.

Esta lectura del texto nos deja con una monstruosidad teológica, una pesadilla. Significaría que solo algunos de los predestinados escuchan el evangelio y que solo algunos de los justificados terminan siendo salvos. Estas nociones entran en total conflicto con todo lo que el resto de la Biblia enseña sobre estos asuntos.

Sin embargo, la postura del previo conocimiento enfrenta un problema aún mayor cuando añadimos la palabra *algunos*. Si la predestinación de Dios está basada en Su previo conocimiento de cómo responderán las personas al llamado externo del evangelio, ¿cómo es posible que solo algunos de los predestinados sean llamados? Eso implicaría que Dios predestina a algunos que no son llamados. Si algunos de los predestinados son predestinados sin ser llamados, Dios no basaría Su predestinación en el previo conocimiento de su respuesta al llamado. ¡No podrían responder a un llamado que no reciben nunca! Dios no puede tener previo conocimiento de la no-respuesta de una persona a un no-llamado.

¡Uf! Si seguimos con esto, terminaremos llegando a una conclusión demasiado obvia. Pablo no puede haber incluido implícitamente la palabra *algunos*. Más bien, es necesario que la cadena dorada implique la palabra *todos*.

Repasemos las propuestas. Si le añadimos la palabra *algunos* a la cadena dorada, el resultado es fatal para la postura de la predestinación basada en el previo conocimiento, ya que Dios predestinaría a algunas personas que no son llamadas. Como esta postura enseña que la pre destinación divina se basa en el previo conocimiento que Dios tiene de las respuestas positivas de las personas ante el llamado del evangelio, es evidente que la posición colapsa si algunos son predestinados sin ser llamados.

Añadir la palabra *todos* es igual de fatal para la postura del previo conocimiento. Esa dificultad tiene que ver con la relación entre el llamado y la justificación. Si todos los llamados son justificados, el pasaje podría tener uno de estos dos sentidos: *(A)* todos los que escuchan externamente el evangelio son justificados; o *(B)* todos los que son llamados internamente por Dios son justificados.

Si respondemos con la opción *A*, la conclusión a la que debemos llegar es que todos los que oyen el evangelio están predestinados a ser salvos. Desde luego, la gran mayoría de los que adoptan la postura de la predestinación basada en el previo conocimiento también afirman que no todos los que oyen el evangelio serán salvos. Algunos son universalistas. Creen que todo el mundo será salvo, sin importar si escucha o no el evangelio. Pero debemos recordar que el debate principal que existe entre los evangélicos respecto a la predestinación no tiene que ver con el tema del universalismo. Tanto los defensores del punto de vista reformado de la predestinación como los defensores de la postura del previo conocimiento concuerdan en que no todos son salvos. Concuerdan en que hay personas que oyen el evangelio externamente (el llamado externo de Dios), pero no responden con fe y, por lo tanto, no son justificadas. La opción *A* es tan repugnante para los defensores de la postura del previo conocimiento como para los defensores del punto de vista reformado.

Eso nos deja con la opción *B:* todos los que son llamados internamente por Dios son justificados. ¿Qué es el llamado interno de Dios? El llamado externo es la predicación del evangelio. La predicación es algo que hacemos como seres humanos. El llamado externo también puede ser «oído» al leer la Biblia. La Biblia es la Palabra de Dios, pero ha llegado a nosotros en documentos escritos por seres humanos. En ese sentido, es externa. Ningún ser humano tiene el poder de obrar internamente en otro ser humano. Yo no puedo entrar en el corazón de nadie para ejercer allí una influencia inmediata. Puedo decir palabras que son externas. Esas palabras podrían penetrar el corazón, pero yo no puedo hacer que eso ocurra con mi propio poder. Solo Dios puede llamar a una persona internamente. Solo Dios puede obrar de forma inmediata en las cámaras más profundas del corazón humano para influirlo a fin de que responda positivamente con fe.

Por lo tanto, si lo que quiere decir el apóstol es la opción *B*, las implicaciones son claras. Si todos los llamados internamente por Dios son justificados y todos los predestinados por Dios son llamados internamente, se deduce que el previo conocimiento de Dios abarca algo más que una mera consciencia previa de las decisiones libres que tomarán los seres humanos. Sin duda alguna, Dios sabe desde la eternidad quiénes responderán al evangelio y quiénes no. Pero ese conocimiento no es el de un mero observador pasivo. Dios sabe desde la eternidad a quiénes llamará internamente. A todos los que llame internamente, también los justificará.

Ya dije antes que la cadena dorada enseña más de lo que la postura del previo conocimiento quiere que enseñe. Enseña que Dios predestina un llamado interno. Todos aquellos a los que Dios predestina para ser llamados internamente serán justificados. Aquí, Dios está haciendo algo en los corazones de los escogidos para garantizar su respuesta positiva.

Si la opción *B* es la interpretación correcta de la cadena dorada, entonces queda claro que Dios llama a algunas personas con una especie de llamado con que no llama a todos. Como todos los llamados son justificados y como no todas las personas son justificadas, se deduce que el llamado es una actividad divina bastante significativa que algunas personas reciben y otras no.

Ahora nos vemos obligados a regresar a una pregunta seria que no es muy distinta de la original. ¿Por qué algunos están predestinados a recibir este llamado de Dios y otros no? ¿Radica la respuesta en el hombre o en los propósitos de Dios? Los defensores de la postura del previo conocimiento tendrían que responder que la razón por la que Dios llama internamente solo a algunas personas es que sabe de antemano quién responderá positivamente al llamado interno y quién no. Por lo tanto, Él no desperdicia el llamado interno, sino que lo otorga solamente a quienes sabe que responderán favorablemente a este.

¿Cuánto poder hay en el llamado interno de Dios? ¿Tiene algo de ventajoso recibirlo? Si solamente lo reciben los que Dios sabe que responderán a él por sí solos, pareciera que es una influencia interna que no ejerce ninguna influencia *real*. Si efectivamente tiene una influencia sobre la persona que escucha el llamado externo, Dios está predestinando para algunos una ventaja de la que está privando a otros. Si no tiene ninguna influencia en la decisión humana, entonces simplemente no es una influencia. Si no es una influencia, es insignificante para la salvación y un elemento irrelevante de la cadena dorada.

Es crucial recordar que el llamado interno de Dios se otorga a las personas *antes* de que crean, *antes* de que respondan con fe. Si influye de algún modo en la respuesta, Dios está predestinando una ventaja para los escogidos. Si no influye en la decisión humana, ¿para qué sirve? Este dilema es complicado para la postura del previo conocimiento, extremadamente complicado.

La visión reformada de la predestinación
A diferencia de la postura de la predestinación basada en el previo conocimiento, el punto de vista reformado afirma que la decisión

final de la salvación descansa en Dios y no en el ser humano. Enseña que Dios, desde toda la eternidad, ha escogido intervenir en la vida de algunas personas para llevarlas a la fe salvadora y que ha escogido no hacerlo en otras. Desde la eternidad, sin considerar de antemano el comportamiento humano, Dios escogió algunos para que fueran elegidos y otros para que fueran reprobados. El destino final del individuo lo decide Dios incluso antes de su nacimiento y no depende en última instancia de la elección humana. Desde luego, hay una decisión humana, una decisión humana libre, pero esa decisión se toma porque antes Dios elige influenciar a los escogidos para que tomen la decisión correcta. La base de la elección de Dios no radica en el hombre, sino solamente en el beneplácito o buena intención de la voluntad divina (ver Ro 9:16).

En la visión reformada de la predestinación, la elección de Dios es anterior a la elección humana. Nosotros solo lo elegimos a Él porque Él nos eligió primero. La postura reformada sostiene que nadie jamás elegirá a Cristo sin la predestinación y el llamado interno de Dios.

Esta visión de la predestinación molesta profundamente a muchos cristianos. Esta es la visión que suscita serias dudas sobre el libre albedrío del hombre y la justicia de Dios. Es la visión que evoca muchas respuestas airadas y es acusada, por ejemplo, de ser fatalista y determinista.

La visión reformada de la predestinación entiende de esta manera la cadena dorada: desde la eternidad, Dios conoció de antemano a Sus escogidos. Tenía una idea de sus identidades en mente antes de crearlos. No solo los conoció de antemano en el sentido de que tenía un concepto previo de sus identidades personales, sino que también los conoció de antemano en el sentido de que los amó de antemano. Debemos recordar que, cuando la Biblia habla de «conocer», suele marcar una distinción entre un simple conocimiento mental de una persona y un amor profundo e íntimo por ella.

La postura reformada cree que a todas las personas que Dios conoció de antemano en ese sentido, también las predestinó para que fueran llamadas internamente, justificadas y glorificadas. Dios produce de forma soberana la salvación de Sus escogidos y solo de Sus escogidos.

Resumen del capítulo 6

1. El previo conocimiento no es una explicación válida para la predestinación.
2. Hace de la redención, en última instancia, una obra humana.
3. La predestinación queda al margen y prácticamente carente de significado.
4. La cadena dorada muestra que nuestra justificación depende del llamado de Dios.
5. El llamado de Dios se basa en una predestinación previa.
6. Sin predestinación, no hay justificación.
7. Sin embargo, nuestras decisiones futuras no son lo que inducen a Dios a elegirnos.
8. Es la decisión soberana de Dios a nuestro favor.

Para estudio adicional

Y vino a mí la palabra del SEÑOR:
«Antes que Yo te formara en el seno materno, te conocí,
Y antes que nacieras, te consagré;
Te puse por profeta a las naciones» (Jer 1:4-5).

Y al orar, no usen ustedes repeticiones sin sentido, como los gentiles, porque ellos se imaginan que serán oídos por su palabrería. Por tanto, no se hagan semejantes a ellos; porque su Padre sabe lo que ustedes necesitan antes que ustedes lo pidan (Mt 6:7-8).

DICE EL SEÑOR, QUE HACE SABER TODO ESTO DESDE TIEMPOS ANTIGUOS (Hch 15:18).

Y sabemos que para los que aman a Dios, todas las cosas cooperan para bien, esto es, para los que son llamados conforme a Su propósito. Porque a los que de antemano conoció, también los predestinó a ser hechos conforme a la imagen de Su Hijo, para que Él sea el primogénito entre muchos hermanos. A los que predestinó, a esos también llamó. A los que llamó, a esos también justificó. A los que justificó, a esos también glorificó (Ro 8:28-30).

Por tanto, no te avergüences del testimonio de nuestro Señor, ni de mí, prisionero Suyo, sino participa conmigo en las aflicciones por el evangelio, según el poder de Dios.

Él nos ha salvado y nos ha llamado con un llamamiento santo, no según nuestras obras, sino según Su propósito y según la gracia que nos fue dada en Cristo Jesús desde la eternidad (2 Ti 1:8-9).

Capítulo 7

Problemas dobles: ¿es doble la predestinación?

Doble predestinación. La propia expresión resulta inquietante. Una cosa es contemplar el plan bondadoso de Dios para salvar a los elegidos. Pero ¿qué de los que no son elegidos? ¿También están predestinados? ¿Existe un horrible decreto de reprobación? ¿Destina Dios a algunas personas desafortunadas al infierno?

Estas preguntas emergen apenas mencionamos la doble predestinación. Son interrogantes que hacen que algunos afirmen que el concepto de la doble predestinación se sale de los límites permitidos. Mientras tanto, hay otros que, si bien creen en la predestinación, afirman enfáticamente que creen en una predestinación *simple*. Es decir, aunque creen que algunos están predestinados para salvación, no creen necesario suponer que hay otros que están igualmente predestinados para condenación. En resumen, la idea es que algunos están predestinados para salvación, pero todos tienen la oportunidad de ser salvos. Dios se asegura de que algunos lo consigan brindándoles ayuda adicional, pero el resto de la humanidad aún tiene una oportunidad.

Aunque existe una opinión prevalente de que debemos hablar solo de la predestinación simple y evitar cualquier discusión sobre la doble predestinación, es necesario abordar las preguntas que están sobre la mesa. A menos que concluyamos que todos los seres humanos están predestinados para salvación, debemos enfrentar la otra cara de la elección. Si la predestinación de verdad existe, y si esa predestinación no incluye a todas las personas, no debemos evadir la inferencia necesaria de que la predestinación tiene dos caras. No basta con hablar de Jacob; también debemos considerar a Esaú.

Ultimidad equivalente

Hay diferentes posturas sobre la doble predestinación. Una de estas es tan aterradora que muchos terminan evitando usar el término para que nadie confunda su visión de la doctrina con esta postura temible llamada ultimidad equivalente.

La ultimidad equivalente se basa en el concepto de la simetría. Busca lograr un equilibrio total entre la elección y la reprobación. La idea clave es esta: así como Dios interviene en la vida de los escogidos para crear fe en sus corazones, también interviene en la vida de los réprobos para crear o producir incredulidad en sus corazones. La idea de que Dios produce activamente la incredulidad en los corazones de los réprobos está basada en las ocasiones en que la Biblia afirma que Dios endurece los corazones de la gente.

La ultimidad equivalente *no* es la visión reformada o calvinista de la predestinación. Algunos la han denominado «hipercalvinismo». Yo prefiero llamarla «subcalvinismo» o, mejor aún, «anticalvinismo». Aunque es obvio que el calvinismo tiene una visión de la doble predestinación, esta no es la de la ultimidad equivalente, que fue condenada por el Segundo Concilio de Orange en el año 529.

Para entender el punto de vista reformado sobre este tema, debemos prestar mucha atención a la distinción crucial entre los decretos *positivos* y *negativos* de Dios. El decreto positivo tiene que ver con la intervención activa de Dios en los corazones de los escogidos. El decreto negativo tiene que ver con el hecho de que Dios pasa por alto a los no escogidos.

El punto de vista reformado enseña que Dios interviene de forma positiva o activa en la vida de los escogidos para asegurar su salvación. Al resto de la humanidad, Dios la deja a su propia suerte. No genera incredulidad en sus corazones, sino que esa incredulidad ya está presente. No los obliga a pecar, sino que pecan por decisión propia. Desde el punto de vista calvinista, el decreto de elección es positivo y el decreto de reprobación es negativo.

La postura hípercalvinista de la doble predestinación podría denominarse *predestinación positiva-positiva*. La postura calvinista podría llamarse predestinación *positiva-negativa*. Veámoslo de forma gráfica:

Calvinismo	*Hípercalvinismo*
positiva-negativa	positiva-positiva
visión asimétrica	visión simétrica
ultimidad desigual	ultimidad equivalente
Dios pasa por alto a los réprobos.	Dios genera incredulidad en el corazón de los réprobos.

El error fatal del hipercalvinismo es que implica que Dios obliga a las personas a pecar. Eso violenta radicalmente la integridad del carácter de Dios.

El principal ejemplo bíblico que podría tentarnos al hipercalvinismo es el caso de Faraón. En el relato del Éxodo, leemos reiteradamente que Dios endureció el corazón de Faraón. Dios, de antemano, le había dicho a Moisés que lo haría así:

> Tú hablarás todo lo que Yo te mande, y Aarón tu hermano hablará a Faraón, para que deje salir de su tierra a los israelitas. Pero Yo endureceré el corazón de Faraón para multiplicar Mis señales y Mis prodigios en la tierra de Egipto. Y Faraón no los escuchará. Entonces pondré Mi mano sobre Egipto y sacaré de la tierra de Egipto a Mis ejércitos, a Mi pueblo los israelitas, con grandes juicios. Los egipcios sabrán que Yo soy el SEÑOR, cuando Yo extienda Mi mano sobre Egipto y saque de en medio de ellos a los israelitas (Éx 7:2-5).

La Biblia enseña con claridad que Dios endureció efectivamente el corazón de Faraón. Ahora sabemos que Dios lo hizo para Su propia gloria y como una señal para Israel y para Egipto. Sabemos que el propósito de Dios en todo este asunto era redentor. Pero aún nos queda un problema fastidioso: Dios endureció el corazón de Faraón y luego lo juzgó por su pecado. ¿Cómo es posible que Dios haga responsable a Faraón o a cualquier otra persona por el pecado que sale de un corazón que Él mismo endureció?

Nuestra respuesta a esta pregunta dependerá de cómo entendamos el endurecimiento realizado por Dios. ¿Cómo endureció Dios el corazón de Faraón? La Biblia no responde esa pregunta de manera explícita.

Si lo pensamos, notaremos que básicamente hay solo dos maneras en las que puede haberlo hecho: de forma activa o de forma pasiva.

El endurecimiento activo implicaría la intervención directa de Dios dentro de las cámaras internas del corazón de Faraón. Dios invadiría el corazón de Faraón y crearía una nueva maldad en él. Esto ciertamente aseguraría que Faraón produjera el resultado que Dios estaba buscando. También aseguraría que Dios es el autor del pecado.

El endurecimiento pasivo es algo totalmente diferente. El endurecimiento pasivo implica que hay un juicio divino sobre el pecado que ya está presente. Todo lo que Dios tiene que hacer para endurecer el corazón de una persona cuyo corazón ya no tiene remedio es «entregarla a su pecado». Encontramos este concepto del juicio divino reiteradamente en las Escrituras.

¿Cómo funciona esto? Para entenderlo como corresponde, primero debemos examinar brevemente otro concepto: la *gracia común* de Dios. Este concepto hace alusión a la gracia de Dios que gozan todos los seres humanos de manera común. La lluvia que refresca la tierra y riega nuestros cultivos cae indistintamente sobre justos e injustos. Desde luego, los injustos no merecen esos beneficios, pero los disfrutan de todos modos. Lo mismo ocurre con el sol y el arcoíris. Nuestro mundo es un teatro de la gracia común.

Uno de los elementos más importantes de la gracia común que disfrutamos es la restricción del mal en el mundo. Esa restricción procede de muchas fuentes. Por ejemplo, el mal es restringido por los policías, las leyes, la opinión pública y los equilibrios de poder. Aunque el mundo en que vivimos está lleno de maldad, no es tan malo como podría serlo. Dios usa los medios que acabamos de mencionar y otros para mantener el mal bajo control. Por Su gracia, Él controla y refrena la maldad en este mundo. Si el mal quedara sin ningún freno, la vida en este planeta resultaría imposible.

Todo lo que Dios tiene que hacer para endurecer los corazones de las personas es quitarles las restricciones, soltar un poco las riendas. En lugar de restringir su libertad humana, la aumenta, dejando que se salgan con la suya. En cierto sentido, les da las sogas que necesitan para que se cuelguen a sí mismas. No es que Dios les ponga la mano encima para generar una nueva maldad en sus corazones; simplemente les quita Su santa mano restrictiva y las deja hacer su propia voluntad.

Si tuviéramos que determinar quiénes son los hombres más malos, los más diabólicos de la historia de la humanidad, hay nombres que aparecerían en la lista de casi todos. Veríamos los nombres de Hitler, Nerón, Stalin y otros que han sido culpables de cometer asesinatos masivos y otras atrocidades. ¿Qué tienen en común estas personas? Todos eran dictadores. Todos tenían poder y autoridad casi infinita en sus esferas de dominio.

¿Por qué decimos que el poder corrompe y que el poder absoluto corrompe absolutamente? (ya sabemos que esto no es aplicable a Dios, sino solo al poder y la corrupción humana). El poder corrompe precisamente porque eleva a una persona por encima de las restricciones comunes que limitan a los demás. Yo estoy limitado porque tengo conflictos de intereses con personas que tienen tanto o más poder que yo. Muy temprano en la vida, aprendemos a restringir nuestra agresividad hacia los que son más grandes que nosotros. Tendemos a entrar en conflictos de forma selectiva. La discreción tiende a ocupar el lugar del valor cuando nuestros adversarios son más poderosos que nosotros.

Faraón era el hombre más poderoso del mundo cuando Moisés fue a verlo. Prácticamente la única restricción que conocía la maldad de

Faraón era el brazo santo de Dios. Todo lo que Dios tuvo que hacer para endurecerlo aún más fue quitar Su brazo. Las malas inclinaciones de Faraón hicieron el resto.

En el endurecimiento pasivo, Dios toma la decisión de eliminar las restricciones; la parte malvada del proceso la realiza el propio Faraón. Dios no violenta la voluntad de Faraón. Como hemos dicho, solo le da *más* libertad.

Vemos lo mismo en el caso de Judas y en el de los impíos que Dios y Satanás usaron para afligir a Job. Judas no fue una víctima pobre e inocente de la manipulación divina. No era un hombre justo al que Dios obligó a traicionar a Cristo y al que luego castigó por la traición. Judas traicionó a Cristo porque quería treinta monedas de plata. Como afirman las Escrituras, Judas era el hijo de perdición desde el comienzo.

Sin duda alguna, Dios usa las inclinaciones e intenciones malvadas de los hombres caídos para cumplir Sus propios propósitos redentores. Sin Judas, no hay cruz; sin cruz, no hay redención. Pero ese no fue un caso en el que Dios forzó a un hombre a cometer maldad. Más bien, es un caso glorioso del triunfo redentor de Dios sobre el mal. Los malos deseos del corazón de los seres humanos no pueden frustrar la soberanía de Dios. De hecho, están sujetos a esta.

Cuando estudiamos el patrón del castigo de Dios contra los impíos, vemos que emerge una especie de justicia poética. En la escena final de juicio del libro de Apocalipsis leemos lo siguiente:

> Que el injusto siga haciendo injusticias, que el impuro siga siendo impuro, que el justo siga practicando la justicia, y que el que es santo siga guardándose santo (22:11).

En el acto supremo del juicio divino, Dios entrega a los pecadores a sus pecados. En la práctica, los abandona a sus propios deseos. Eso ocurrió con Faraón. En ese acto de juicio, Dios no manchó Su propia justicia creando más maldad en el corazón de Faraón. En cambio, demostró Su propia justicia castigando el mal que ya existía en él.

Así es como debemos entender la doble predestinación. Dios les otorga misericordia a los escogidos obrando fe en sus corazones. Les da justicia a los réprobos dejándolos en sus propios pecados. Aquí no hay simetría. Un grupo recibe misericordia; el otro grupo recibe justicia. Ninguno de los dos es víctima de injusticia. Nadie puede alegar que hay injusticia en Dios.

Romanos 9

El pasaje más significativo del Nuevo Testamento que se refiere a la doble predestinación se encuentra en Romanos 9.

Porque la palabra de promesa es esta: «POR ESTE TIEMPO VOL-VERÉ, Y SARA TENDRÁ UN HIJO». Y no solo *esto*, sino que también Rebeca concibió *mellizos* de uno, nuestro padre Isaac. Porque cuando aún *los mellizos* no habían nacido, y no habían hecho nada, ni bueno ni malo, para que el propósito de Dios conforme a *Su* elección permaneciera, no por las obras, sino por Aquel que llama, se le dijo a Rebeca: «EL MAYOR SERVIRÁ AL MENOR». Tal como está escrito: «A JACOB AMÉ, PERO A ESAÚ ABORRECÍ».

¿Qué diremos entonces? ¿Qué hay injusticia en Dios? ¡De ningún modo! Porque Él dice a Moisés: «TENDRÉ MISE-RICORDIA DEL QUE YO TENGA MISERICORDIA, Y TENDRÉ COMPASIÓN DEL QUE YO TENGA COMPASIÓN». Así que no *depende* del que quiere ni del que corre, sino de Dios que tiene misericordia. Porque la Escritura dice a Faraón: «PARA ESTO MISMO TE HE LEVANTADO, PARA DEMOSTRAR MI PODER EN TI, Y PARA QUE MI NOMBRE SEA PROCLAMADO POR TODA LA TIERRA». Así que Dios tiene misericordia, del que quiere y al que quiere endurece (vv. 9-18).

En este pasaje, tenemos la expresión bíblica más clara del concepto de la doble predestinación que podemos encontrar. Se afirma sin reservas ni ambigüedades que Dios «tiene misericordia, del que quiere y al que quiere endurece». Algunos reciben misericordia; otros reciben justicia. La decisión está en manos de Dios.

Pablo ilustra el carácter doble de la predestinación aludiendo a Jacob y a Esaú. Esos dos hombres eran mellizos. Estuvieron en el mismo vientre al mismo tiempo. Uno recibió la bendición de Dios y el otro no; uno recibió una porción especial del amor de Dios y el otro no. Dios «aborreció» a Esaú.

El aborrecimiento divino que se menciona aquí no denota una actitud insidiosa y de malicia. Más bien, se trata del «odio santo» al que ya antes David había hecho referencia (Sal 139:22). El odio divino no es malicioso. Conlleva reservar el favor. Dios está «por» los que Él ama, pero aleja Su rostro de los impíos que no son objetos de Su favor redentor especial. Los que son amados por Dios reciben Su misericordia. Los que son «aborrecidos» por Él reciben Su justicia. Reitero: nadie es tratado de forma injusta.

¿Por qué Dios eligió a Jacob y no a Esaú? Algunos creen que debe haber visto algo en Jacob que justificara ese favor especial, que Dios miró por los corredores del tiempo y vio que Jacob tomaría la decisión correcta y Esaú la incorrecta. Esas personas defienden la postura de la predestinación basada en la presciencia o el previo conocimiento, que ya analizamos en el capítulo anterior.

Cuando me convertí a la fe en Cristo durante mi primer año de universidad, no me convencí enseguida de la doctrina de la predestinación. Aunque noté que la palabra *predestinación* aparecía con frecuencia en la Biblia y que no era una invención de Agustín, Martín Lutero o Juan Calvino, adopté la postura del previo conocimiento, que es la más popular entre los evangélicos. Me aferré tenazmente a ese punto de vista por varios años, hasta que, en mi último año de seminario, tomé un curso sobre la teología de Jonathan Edwards y tuve que leer su obra maestra: *La libertad de la voluntad*. La forma en que Edwards trata la enseñanza de Pablo en Romanos 9 fue lo que terminó haciendo que me rindiera ante la claridad abrumadora de la Palabra de Dios sobre este asunto. Vi que la enseñanza de Pablo en Romanos 9 no solo echa por tierra los argumentos de la oposición, sino que también desempolva el lugar donde se sostenían.

Hay que mencionar que la postura del previo conocimiento y la postura reformada adoptada por Edwards y otros coinciden en cuanto al momento en que Dios eligió a las personas para salvación: la eternidad pasada. El decreto de Dios de salvar a algunos individuos tuvo lugar en la eternidad, no la semana pasada, el año pasado ni en ningún otro momento. Sin embargo, las dos posturas se separan cuando hablamos del fundamento de la elección de Dios. Como señalé anteriormente, la opinión popular es que Dios estableció Su decreto salvífico basándose en lo que vio de antemano, pero la postura reformada afirma que fue un decreto soberano en que Dios no tomó en cuenta nada que hubiera visto en el futuro. Una postura afirma que es la gracia de Dios más las acciones humanas; la otra afirma que es solo la gracia de Dios.

Si Pablo les hubiera escrito a los romanos para exponerles la postura del previo conocimiento, no habría sido difícil dejar el punto claro. Era la ocasión de oro para que Pablo enseñara esa postura. En verdad, parece extraño que no haya aprovechado esa oportunidad. Pero este argumento no se basa en el silencio. Pablo no se queda callado respecto al tema, sino que enfatiza la opinión opuesta. Subraya el hecho de que Dios tomó la decisión antes de que nacieran los mellizos Jacob y Esaú sin tener en cuenta sus acciones futuras.

La frase paulina del v. 11 es crucial: «porque cuando aún *los mellizos* no habían nacido, y no habían hecho nada, ni bueno ni malo, para que el propósito de Dios conforme a *Su* elección permaneciera, no por las obras, sino por Aquel que llama». ¿Por qué el apóstol insiste en la idea de que el decreto no solo se efectuó en la eternidad, sino que además se realizó antes de que cualquiera de estas personas naciera o hiciera algo bueno o malo?

A veces, cuando interpretamos un mensaje o un documento, tenemos que pensar en la intención del autor, es decir, en lo que el escritor pretendía transmitir. Buscar la intención del autor puede ser peligroso, ya que puede llevar al intérprete a tratar de leer la mente del autor y terminar poniendo palabras en su boca que nunca estuvieron allí. Sin embargo, cuando hay discrepancias sobre el significado de un pasaje después de examinar las palabras con cuidado, es apropiado plantearnos la pregunta de la intención del autor. Como los evangélicos tienen posturas diversas sobre la intención de las palabras de Pablo, voy a plantear el tema aquí.

Si en este pasaje Pablo estuviera enseñando la postura de la predestinación basada en el previo conocimiento, habría tenido más sentido que se detuviera después de decir que Jacob y Esaú fueron predestinados antes de nacer. Cuando añade «y no habían hecho nada, ni bueno ni malo», Pablo deja claro que la predestinación divina está basada en Dios, no en nosotros. Aquí es claro que el énfasis está en la obra de Dios. Pablo niega rotundamente que la elección sea producto de la obra del hombre, más allá de si esa obra fue prevista o no. Lo que tiene en mente es el propósito de Dios conforme a Su elección.

Sin embargo, aunque Pablo guarda silencio sobre las decisiones futuras en el v. 11, no se queda así. En el v. 16 lo deja claro: «Así que no *depende* del que quiere ni del que corre, sino de Dios que tiene misericordia». Este es el golpe de gracia para el arminianismo y todas las otras visiones no reformadas de la predestinación. Esta es la Palabra de Dios que exige a todos los cristianos que abandonen y desistan de las visiones de la predestinación que hacen que la decisión final de la salvación dependa de la voluntad del hombre. El apóstol declara: «**no** *depende* del que quiere» (énfasis añadido). Las posturas no reformadas deben decir que *sí* depende del que quiere. Eso se opone con vehemencia a la enseñanza de la Escritura. Este versículo por sí solo es fatal para el arminianismo.

Es nuestro deber honrar a Dios. Debemos confesar junto al apóstol que nuestra elección no está basada en nuestra voluntad, sino en los propósitos de la voluntad de Dios.

Objeciones anticipadas

Una de las técnicas claves que se usan en los debates es anticiparnos a las objeciones que el adversario planteará contra nuestra posición. Si estoy debatiendo un tema y sé que mi oponente no puede esperar que yo deje de hablar para plantear su objeción, lo más inteligente que puedo hacer es plantearla yo mismo antes de que él tenga la oportunidad de hacerlo. Siempre que puedo, me gusta plantear esa objeción con la mayor contundencia posible. Si se puede, quiero ser más convincente al plantear la objeción que lo que podría serlo mi adversario. Si lo consigo, le habré quitado el soporte a la postura de mi oponente.

No creo que ningún pensador occidental haya sido tan experto en el uso de esta técnica como el apóstol Pablo. Esa pericia se exhibe aquí en Romanos 9. En este pasaje, Pablo plantea dos preguntas retóricas que contrarrestan las objeciones que posiblemente plantearían sus lectores. La primera es esta: «¿Qué diremos entonces? ¿Qué hay injusticia en Dios?» (v. 14). Pablo estaba anticipándose a una objeción de este tipo: «¿Qué posibilidad de ser elegido tenía Esaú si la decisión no era suya? Parece malo que Dios haga eso. ¡Dios es injusto!».

Supongamos que Pablo está enseñando la postura de la predestinación basada en el previo conocimiento. Si es así, ¿por qué se anticipó a esta objeción? Mis amigos arminianos tienen que defender su doctrina de la predestinación todo el tiempo. Se les dice que no es cierta o que no es bíblica. Pero no puedo imaginarme que un arminiano tenga que defender su postura contra la acusación de que no es justa, de que el arminianismo ensombrece de algún modo la integridad y la justicia de Dios. ¿Qué podría ser más justo que el hecho de que Dios base Su elección de salvar a un individuo por sobre otro en Su conocimiento de lo que esa persona haría? Si, a fin de cuentas, nuestra elección está basada en las decisiones humanas, no es necesario plantear esta objeción.

Es contra la doctrina bíblica de la predestinación que se plantea esta pregunta. Es la predestinación basada en el propósito soberano de

Dios, en Su decisión que no considera las decisiones de Jacob y Esaú, la que provoca el grito de protesta: «¡Dios es injusto!». Pero este grito está basado en un entendimiento superficial del asunto. Es la protesta del hombre caído que alega que Dios no tiene suficiente gracia.

¿Cómo responde Pablo a esta pregunta? No se contenta con solo decir: «No, no hay injusticia en Dios». Más bien, su respuesta es lo más enfática posible. Dice: «¡De ningún modo!» o «¡En ninguna manera!», según la traducción que leas.

Luego, Pablo lleva a sus lectores a la Escritura para respaldar su argumento. Escribe: «Porque Él dice a Moisés: "TENDRÉ MISERICORDIA DEL QUE YO TENGA MISERICORDIA, Y TENDRÉ COMPASIÓN DEL QUE YO TENGA COMPASIÓN"» (v. 15). En esta cita de Éxodo 33:19, Dios simplemente declara que Él es soberano sobre Su gracia. Él puede perdonar a quien quiera y no está obligado a concederle la misma misericordia a otra persona. Su gracia es totalmente inmerecida; de hecho, no hay nada que podamos hacer para ganarla. Esto nos lleva al v. 16: «Así que no *depende* del que quiere ni del que corre, sino de Dios que tiene misericordia». Como señalé antes en este mismo capítulo, Dios no trata a todos de la misma forma, pero no podemos acusarlo de tratar a nadie injustamente. No hay injusticia en Dios.

La segunda objeción a la que Pablo se anticipa es esta: «Me dirás entonces: "¿Por qué, pues, todavía reprocha *Dios*? Porque ¿quién resiste a Su voluntad?"» (v. 19). De nuevo, nos preguntamos por qué el apóstol se anticipa a esta objeción. Esta es otra objeción que nunca se le ha hecho al arminianismo. Las visiones no reformadas de la predestinación no tienen que preocuparse por lidiar con interrogantes como esta. Es obvio que Dios reprochará a las personas si sabe que estas no elegirán a Cristo. Si el fundamento supremo de la salvación fuera el poder de decisión del hombre, es fácil determinar de quién es la culpa, y Pablo no habría tenido que tratar esta objeción que anticipa. Pero la trata porque la doctrina bíblica de la predestinación requiere que la tratemos.

¿Cómo responde Pablo a esta pregunta? Examinemos su respuesta:

Al contrario, ¿quién eres tú, oh hombre, que le contestas a Dios? ¿Dirá acaso el objeto modelado al que lo modela: «Por qué me hiciste así?». ¿O no tiene el alfarero derecho sobre el barro de hacer de la misma masa un vaso para uso honorable y otro para uso ordinario? ¿Y qué, si Dios, aunque dispuesto a demostrar Su ira y hacer notorio Su poder, soportó con mucha paciencia a los vasos de ira preparados para destrucción?

Lo *hizo* para dar a conocer las riquezas de Su gloria sobre los vasos de misericordia, que de antemano Él preparó para gloria, *es decir*, nosotros, a quienes también llamó, no solo de entre los judíos, sino también de entre los gentiles (Ro 9:20-24).

Esta respuesta a la pregunta es dura. Debo confesar que me es difícil. Sin embargo, mi dificultad no tiene que ver con si el pasaje enseña o no la doble predestinación. Es evidente que lo hace. Mi dificultad se debe al hecho de que este texto les da armas a los defensores de la ultimidad equivalente. Pareciera que Dios hiciera activamente que las personas sean pecadoras. Pero el pasaje no lo requiere. Es cierto que Dios hace vasos de ira y vasos honorables de la misma masa de barro. Pero si observamos detenidamente el texto, veremos que toda la masa con la que trabaja el alfarero es barro «caído». Una parte del barro recibe misericordia y se transforma en vasos de uso honorable. Esa misericordia presupone que el barro ya es culpable. Del mismo modo, Dios debe «soportar» a los vasos de ira preparados para destrucción porque son vasos de ira culpables.

Una vez más, el énfasis del pasaje está en el propósito soberano de Dios, no en las decisiones libres y bondadosas del ser humano. Aquí operan los mismos supuestos que en la primera pregunta.

La respuesta arminiana

Algunos arminianos reaccionarán indignados ante la forma en que traté este texto. Concuerdan en que el pasaje enseña una visión potente de la soberanía divina. Su objeción se centra en otro punto. Insisten en que Pablo ni siquiera está hablando de la predestinación de individuos en Romanos 9. Este capítulo no habla de individuos, sino de la elección divina de las naciones. Pablo está hablando de Israel como pueblo escogido de Dios. Jacob simplemente representa a la nación de Israel. De hecho, se le cambió el nombre a Israel y sus hijos llegaron a ser los padres de las doce tribus de esa nación.

El hecho de que Dios favoreció a Israel por sobre otras naciones no está en disputa. Israel fue el pueblo del que vino Jesús. Israel fue el pueblo que nos entregó los Diez Mandamientos y las promesas del pacto con Abraham. Sabemos que la salvación viene de los judíos.

Todo eso es cierto con respecto a Romanos 9. Sin embargo, debemos considerar que, al elegir una nación, Dios eligió individuos. Las naciones están formadas por individuos. Jacob era un individuo; Esaú era un individuo. Aquí vemos con claridad que Dios eligió soberanamente individuos y también una nación. Además, debemos considerar que en el v. 24 Pablo *amplifica* lo que dice sobre la elección, de manera que abarca más que Israel cuando añade: «[a] nosotros,

¿ES DOBLE LA PREDESTINACIÓN?

a quienes también llamó, no solo de entre los judíos, sino también de entre los gentiles».

Elección incondicional

Volvamos un momento a nuestro famoso acróstico *TULIP*. Ya nos peleamos con la *T* y la *I*, y lo dejamos en *RULEP*. Aunque prefiero el término *elección soberana* [*sovereign election*] antes que *elección incondicional* [*unconditional election*], no seguiré dañando el acróstico. Si lo cambiamos por *RSLEP** ya ni siquiera rimaría con *TULIP*.

La elección incondicional significa que Dios decide elegirnos según Su propósito, según Su voluntad soberana. Nuestra elección no está basada en ninguna condición prevista que algunos cumplamos y otros no. No está basada en que nosotros queramos o corramos, sino en el propósito soberano de Dios.

El término *elección incondicional* puede resultar engañoso y se abusa mucho de este. Una vez, conocí a un hombre que nunca había pisado el umbral de una iglesia y no mostraba ninguna evidencia de ser cristiano. No hacía profesión de fe ni participaba en actividades cristianas. Me dijo que creía en la elección incondicional. Estaba seguro de que era escogido. No tenía que confiar en Cristo, no tenía que arrepentirse, no tenía que ser obediente a Cristo. Me dijo que era escogido y que eso bastaba. No necesitaba ninguna otra condición para ser salvo. Según él, era salvo y santificado, y con eso se daba por satisfecho.

Debemos distinguir cuidadosamente entre las condiciones necesarias para la salvación y las condiciones necesarias para la elección. A

---

*   **Nota de traducción:** *RSLEP* sería el resultado de cambiar *Total depravity* por *Radical corruption*, *Unconditional election* por *Sovereign election* e *Irresistible grace* por *Effectual grace*.

143

menudo, hablamos de la elección y la salvación como si fueran sinónimos, pero no son exactamente lo mismo. La elección es *para* salvación. La salvación, en su sentido más cabal, es la obra redentora total que Dios realiza en nosotros.

Hay toda una serie de condiciones que deben cumplirse para que alguien sea salvo. La principal es que debemos tener fe en Cristo. La justificación es por la fe. La fe es un requisito necesario. Desde luego, la doctrina reformada de la predestinación enseña que todos los escogidos son llevados a la fe. Dios se asegura de que se cumplan las condiciones necesarias para la salvación.

Cuando afirmamos que la elección es incondicional, queremos decir que el decreto original mediante el cual Dios elige a algunas personas para salvación no depende de una condición futura que Él ve de antemano en nosotros. No hay nada en nosotros que Dios pueda prever y lo induzca a elegirnos. Si Él dejara a las criaturas caídas a su suerte, lo único que vería en ellas sería pecado. Dios simplemente nos elige conforme al beneplácito o buena intención de Su voluntad (ver Ef 1:5).

¿Es arbitrario Dios?

El hecho de que Dios no nos elige por lo que encuentra en nosotros, sino según Su propio beneplácito, da lugar a la acusación de que eso implica que Él es arbitrario. Sugiere que Dios selecciona de forma caprichosa o antojadiza. Pareciera que nuestra elección es el resultado de una lotería ciega y frívola. Si somos elegidos, es solo porque tenemos suerte. Dios sacó nuestros nombres de un sombrero celestial.

Ser arbitrario es hacer algo sin ningún motivo. Ahora bien, está claro que no hay ninguna razón *en nosotros* para que Dios nos elija.

Pero eso no es lo mismo que decir que Dios no tiene una razón en Sí mismo. Dios no hace nada sin razón. No es caprichoso ni antojadizo. Dios es tan mesurado como es soberano.

Una lotería se deja intencionadamente en manos del azar. Dios no obra al azar. Él sabía a quiénes iba a seleccionar. Conoció de antemano —es decir, amó de antemano— a Sus escogidos. No fue un sorteo a ciegas porque Dios no es ciego. Sin embargo, debemos insistir en que nada de lo que conoció, vio o amó de antemano en nosotros fue la razón decisiva de Su elección.

Por lo general, a los calvinistas no nos gusta hablar de la suerte. En vez de desearle «buena suerte» a alguien, puede que le deseemos «bendiciones de Dios». Sin embargo, si tuviéramos que hablar de nuestro «día de suerte», señalaríamos el día de la eternidad en que Dios decidió escogernos.

Volvamos nuestra atención a lo que Pablo enseña sobre este tema en Efesios:

> Bendito *sea* el Dios y Padre de nuestro Señor Jesucristo, que nos ha bendecido con toda bendición espiritual en los *lugares* celestiales en Cristo. Porque Dios nos escogió en Cristo antes de la fundación del mundo, para que fuéramos santos y sin mancha delante de Él. En amor nos predestinó para adopción como hijos para sí mediante Jesucristo, conforme a la buena intención de Su voluntad, para alabanza de la gloria de Su gracia que gratuitamente ha impartido sobre nosotros en el Amado (1:3-6).

«*Conforme a la buena intención (o "al beneplácito", LBLA) de Su voluntad*». Esta afirmación apostólica parece indicar que hay arbitrariedad por parte de Dios. El principal culpable de esto es el término *buena intención* o *beneplácito* (del gr. *eudokia*, que puede también traducirse como 'satisfacción' o 'placer'). En nuestro vocabulario, palabras como *satisfacción* o *placer* suelen estar cargadas de un significado de desenfreno e imprudencia. El placer se percibe como lo que se siente bien, lo que tiene matices sensuales y emotivos. Somos conscientes de que hay vicios que nos producen un placer perverso.

Cuando la Biblia habla del placer, la buena intención o el beneplácito de Dios, el término no tiene ese sentido tan frívolo. Aquí, *buena intención* simplemente significa «lo que es agradable». Dios nos predestina según lo que le agrada a Él. La Biblia habla de la *buena intención* de Dios. La buena intención de Dios nunca debe confundirse con el placer malo. Lo que agrada a Dios es la bondad. Lo que nos agrada a nosotros no siempre es la bondad. Dios nunca se complace en la maldad. No hay nada malo en la buena intención de Su voluntad. Aunque el motivo de nuestra elección no reside en nosotros, sino en el beneplácito soberano, podemos estar seguros de que el beneplácito soberano divino es un buen placer.

Recordemos también lo que el apóstol les enseñó a los cristianos de Filipos. Les dijo: «...ocúpense en su salvación con temor y temblor. Porque Dios es quien obra en ustedes tanto el querer como el hacer, para *Su* buena intención» (Fil 2:12-13).

En este pasaje, Pablo no enseña que la elección sea un esfuerzo conjunto entre Dios y el ser humano. La elección es obra exclusiva de Dios. Como hemos visto, es *monergista*. Pablo está hablando aquí de la implementación de nuestra salvación, que se desprende de nuestra elección. Se refiere específicamente al proceso de nuestra santificación. La santificación no es monergista; es *sinergista*. Es decir, requiere la cooperación

146

del creyente regenerado. Somos llamados a esforzarnos para crecer en la gracia. Debemos trabajar duro, resistiendo el pecado hasta la sangre de ser necesario, golpeando nuestro cuerpo si es preciso para someterlo.

Somos llamados por convocatoria divina a cumplir esta labor seria de la santificación. Debemos cumplir el trabajo con un espíritu de temor y temblor. Nuestra santificación no es un asunto casual. No la abordamos con despreocupación, tranquilos, y diciendo simplemente: «que Dios se encargue». Dios no lo hace todo por nosotros.

Sin embargo, Dios tampoco nos abandona para que nos ocupemos en nuestra salvación nosotros mismos en nuestras propias fuerzas. Nos reconforta con Su promesa segura de que Él obrará en nosotros tanto el querer como el hacer lo que le agrada a Él.

Escuché una vez un sermón del gran predicador escocés Eric Alexander en el que enfatizaba que Dios obra en nosotros para *Su* beneplácito. Pablo no dice que Dios obre en nosotros para *nuestro* beneplácito. Lo que Dios hace en nuestras vidas no siempre nos complace del todo. A veces experimentamos un conflicto entre el propósito de Dios y nuestro propio propósito. Yo nunca elijo sufrir por voluntad propia. Sin embargo, es posible que el propósito soberano de Dios incluya que yo sufra. Él nos promete que, por Su soberanía, todas las cosas cooperarán para el bien de los que lo aman y son llamados conforme a Su propósito (ver Ro 8:28).

Mis propósitos no siempre incluyen el bien de Dios. Soy pecador. Lo maravilloso para nosotros es que Dios no es pecador. Es totalmente justo (ver Sal 89:14). Sus propósitos son justos en todo tiempo y lugar. Sus propósitos cooperan para mi bien, incluso cuando esos propósitos entran en conflicto con los míos. Mejor dicho, *especialmente* cuando Sus propósitos entran en conflicto con los míos. Lo que le agrada a Él es bueno para mí. Esta es una de las lecciones más difíciles que aprendemos los cristianos.

Nuestra elección es incondicional con una sola excepción. Hay un requisito que debemos cumplir antes de que Dios nos elija. Para ser elegidos, primero debemos ser pecadores.

Dios no elige justos para salvación. No le es necesario elegir justos para salvación. Los justos no necesitan ser salvados. Solo los pecadores necesitan un salvador. Los que están sanos no tienen necesidad de médico.

Cristo vino a buscar y salvar personas que de verdad estaban perdidas. Dios no lo envió al mundo solo para abrirnos la posibilidad de ser salvos, sino para asegurarnos la salvación. Cristo no murió en vano. Sus ovejas son salvas por Su vida sin pecado y Su muerte expiatoria. Eso no tiene nada de arbitrario.

Resumen del capítulo 7

1. No todas las personas están predestinadas para salvación.
2. Este problema tiene dos aspectos o aristas. Están los elegidos y los no elegidos.
3. La predestinación es «doble».
4. Debemos tener cuidado y evitar pensar en términos de ultimidad equivalente.
5. Dios no crea pecado en el corazón de los pecadores.
6. Los elegidos reciben misericordia de parte de Dios. Los no elegidos reciben justicia.
7. Nadie recibe injusticia por parte de Dios.
8. Que Dios «endurezca el corazón» es en sí un castigo justo por el pecado que ya está presente en él.

9. La elección divina de los escogidos es soberana, no arbitraria ni caprichosa.

10. Todas las decisiones de Dios fluyen de Su carácter santo.

Para estudio adicional

Porque tú eres pueblo santo para el Señor tu Dios; el Señor tu Dios te ha escogido para ser pueblo Suyo de entre todos los pueblos que están sobre la faz de la tierra. El Señor no puso Su amor en ustedes ni los escogió por ser ustedes más numerosos que otro pueblo, pues eran el más pequeño de todos los pueblos; mas porque el Señor los amó y guardó el juramento que hizo a sus padres, el Señor los sacó con mano fuerte y los redimió de casa de servidumbre, de la mano de Faraón, rey de Egipto (Dt 7:6-8).

Y el Señor le dijo:

> *«Dos naciones hay en tu seno,*
> *Y dos pueblos se dividirán desde tus entrañas;*
> *Un pueblo será más fuerte que el otro,*
> *Y el mayor servirá al menor»* (Gn 25:23).

Y el Señor dijo a Moisés: «Cuando vuelvas a Egipto, mira que hagas delante de Faraón todas las maravillas que he puesto en tu mano. Pero Yo endureceré su corazón de modo que no dejará ir al pueblo (Éx 4:21).

«Yo los he amado», dice el SEÑOR. Pero ustedes dicen: «¿En qué nos has amado?». *«¿No era Esaú hermano de Jacob?», declara el SEÑOR. «Sin embargo, Yo amé a Jacob, y aborrecí a Esaú, e hice de sus montes desolación, y di su heredad a los chacales del desierto»* (Mal 1:2-3).

Oyendo esto los gentiles, se regocijaban y glorificaban la palabra del Señor; y creyeron cuantos estaban ordenados a vida eterna (Hch 13:48).

Y no solo esto, *sino que también Rebeca, cuando concibió* mellizos *de uno, nuestro padre Isaac . Porque cuando aún* los mellizos *no habían nacido, y no habían hecho nada, ni bueno ni malo, para que el propósito de Dios conforme a* Su *elección permaneciera, no por las obras, sino por Aquel que llama, se le dijo a ella: «EL MAYOR SERVIRÁ AL MENOR». Tal como está escrito: «A JACOB AMÉ, PERO A ESAÚ ABORRECÍ»* (Ro 9:10-13).

Pues ellos tropiezan porque son desobedientes a la palabra, y para ello estaban también destinados (1 P 2:8).

Capítulo 8

¿Podemos saber que somos salvos?

E l ministerio Evangelismo Explosivo basa su presentación del evangelio en dos preguntas cruciales. La primera es: «¿Has llegado al punto de tu vida espiritual en el que sabes *con certeza* que irás al cielo cuando mueras?». Los obreros experimentados dicen que la gran mayoría de las personas responden a esta pregunta de forma negativa. La mayoría de la gente no está segura de su salvación futura. Muchas personas, si no la mayoría, dudan seriamente de que esa seguridad sea siquiera posible.

Cuando estaba en el seminario, les hicieron una encuesta a mis compañeros. Cerca del noventa por ciento de ese grupo concreto de seminaristas dijeron que no estaban seguros de su salvación. Muchos expresaron su enfado ante la pregunta, pues veían en esta una especie de presunción implícita. A algunas personas les parece arrogante incluso el simple hecho de hablar de la seguridad de la salvación.

Sin duda alguna, afirmar que estamos seguros de nuestra salvación puede ser un acto arrogante. Si esa confianza en nuestra salvación se debe a que confiamos en nosotros mismos, es un acto de arrogancia. Si estamos seguros de que iremos al cielo porque pensamos que merecemos ir al cielo, eso es indescriptiblemente arrogante.

Respecto a la seguridad de la salvación, podemos decir que básicamente hay cuatro tipos de personas en el mundo: (1) Hay personas que no son salvas y saben que no son salvas. (2) Hay personas que son salvas y no saben que son salvas. (3) Hay personas que son salvas y saben que son salvas. (4) Hay personas que no son salvas y «creen» que son salvas.

El último grupo es el que complica el asunto. Si hay personas que *no* son salvas, pero «creen» que son salvas, ¿cómo es posible que las personas que *sí* son salvas sepan que en verdad lo son?

Para responder esta pregunta, debemos partir planteando otra: ¿Por qué hay personas que tienen una falsa seguridad de su salvación? En realidad, la respuesta es relativamente fácil. La falsa seguridad se debe principalmente a una comprensión errónea de lo que requiere o implica la salvación.

Supongamos, por ejemplo, que una persona es universalista, es decir, es alguien que cree que todo el mundo se salva. Si esa premisa es correcta, el resto de su deducción lógica es simple. Su razonamiento sería el siguiente:

Todas las personas son salvas.
Yo soy una persona.
Por lo tanto, yo soy salvo.

El universalismo es mucho más prevalente de lo que muchos pensamos. Cuando mi hijo tenía cinco años, le hice las dos preguntas del Evangelismo Explosivo. Respondió afirmativamente a la primera.

Estaba seguro de que iría al cielo cuando muriera. Entonces pasé a la segunda pregunta: «Si murieras esta noche y Dios te preguntara: "¿Por qué debo dejarte entrar a Mi cielo?", ¿qué responderías?». Mi hijo no dudó. Respondió de inmediato: «¡Porque estoy muerto!».

Cuando mi hijo tenía cinco años, ya había recibido un mensaje fuerte y claro. El mensaje era que todos los que mueren van al cielo. Su doctrina de la justificación no era la de la justificación por la fe sola. Ni siquiera era la de la justificación por obras ni por una combinación de fe y obras. Su doctrina era mucho más sencilla: creía en la justificación por la muerte. Tenía una falsa seguridad de su salvación.

Si el universalismo está muy extendido en nuestra cultura, también lo está el concepto de la justificación por obras. En una encuesta, se les hizo la misma pregunta que yo le planteé a mi hijo a más de mil personas. Más del ochenta por ciento dio una respuesta que implicaba una especie de «justicia por obras». Dijeron cosas como: «He ido a la iglesia durante treinta años», «Nunca he faltado a la escuela dominical» o «Nunca le he hecho mucho daño a nadie».

Hubo algo claro que aprendí en mi experiencia con Evangelismo Explosivo: el mensaje de la justificación por la fe sola no ha impregnado nuestra cultura. Hay muchísimas personas que basan su esperanza de ir al cielo en sus propias buenas obras. Están muy dispuestas a admitir que no son perfectas, pero suponen que son suficientemente buenas. Han dado su «mejor esfuerzo», y asumen de forma trágica que eso basta para Dios.

Recuerdo a un estudiante que se quejó ante John Gerstner por la nota que recibió en el trabajo final de un curso. Reforzó su queja diciendo: «Dr. Gerstner, di lo mejor de mí». Gerstner lo miró y le dijo en voz baja: «Joven, *nunca* has dado lo mejor de ti».

Por supuesto que no creemos que hemos dado lo mejor. Si repasamos nuestro desempeño en las últimas veinticuatro horas, veremos que no hemos dado lo mejor. No es necesario que repasemos toda nuestra vida para darnos cuenta de lo engañosa que es esa afirmación.

Sin embargo, aunque aceptemos lo que en realidad nunca aceptaríamos, a saber: que la gente hace lo mejor que puede, sabemos que ni siquiera eso basta. Dios exige perfección para entrar a Su cielo. O encontramos esa perfección en nosotros mismos o la encontramos en otra parte, en otra persona. Si creemos que podemos encontrarla en nosotros mismos, nos estamos engañando y la verdad no está en nosotros (ver 1 Jn 1:8).

Vemos, pues, que es muy fácil tener un falso sentido de seguridad respecto a nuestra salvación. Pero ¿qué sucede si de verdad comprendemos correctamente lo que la salvación requiere? ¿Garantiza eso que evitaremos una falsa seguridad de salvación?

De ninguna manera. Incluso el diablo conoce los requisitos de la salvación. Sabe quién es el Salvador. Comprende la parte intelectual de la salvación mejor que nosotros, pero no ha confiado personalmente en Cristo para ser salvo. Odia a Jesús el Salvador.

Podemos comprender adecuadamente lo que es la salvación y aun así estar engañados respecto a si cumplimos o no los requisitos de la salvación. Podemos pensar que tenemos fe cuando en realidad no la tenemos. Podemos pensar que creemos en Cristo, mientras el Cristo al que abrazamos no es el Cristo bíblico. Podemos pensar que amamos a Dios, pero en realidad el dios que amamos es un ídolo.

¿Amamos al Dios que es soberano? ¿Amamos al Dios que envía personas al infierno? ¿Amamos al Dios que exige obediencia absoluta? ¿Amamos al Cristo que les dirá a algunos en el día final: «Jamás los conocí; apártense de Mí»? No estoy preguntando si amamos perfectamente a este Dios y a este Cristo; estoy preguntando si en verdad amamos a este Dios y a este Cristo.

Una de mis anécdotas favoritas de todos los tiempos la contó el Dr. James Montgomery Boice. El Dr. Boice contó la historia de un alpinista al que se le soltaron las amarras y estaba a punto de caer miles de metros y morir. Presa del pánico, se agarró a un pequeño arbusto que había crecido en una roca de la ladera de la montaña. Eso detuvo su caída momentáneamente, pero la planta empezó a salirse poco a poco de raíz. El escalador miró al cielo y gritó: «¿Hay alguien allá arriba que pueda ayudarme?». Entonces se escuchó una voz grave desde el cielo: «Sí, yo te ayudaré. Confía en mí. Suelta el arbusto». El escalador miró al abismo que tenía debajo y volvió a gritar: «¿Hay alguien *más* allá arriba que pueda ayudarme?».

Es posible que el Dios en el que creemos sea «alguien más». Muchas veces he hablado con personas asociadas a Young Life, un ministerio que tiene una misión destacada con los adolescentes. La fortaleza de Young Life es a la vez su mayor peligro. Young Life tiene un porcentaje alarmantemente alto de jóvenes que hacen una profesión de fe y luego reniegan de esa profesión.

Young Life ha hecho un trabajo extraordinario relacionándose con los adolescentes. Son expertos en hacer que el evangelio parezca atractivo. Sin embargo, el peligro es que Young Life es tan atractivo, tan genial, que los jóvenes pueden convertirse a Young Life sin lidiar jamás con el Cristo bíblico. No pretendo en lo más mínimo criticar a Young Life. No estoy sugiriendo que esto implique que debamos esforzarnos para que el evangelio no sea atractivo. Ya hacemos eso bastante bien. Digo esto solo para enfatizar algo que todos debemos recordar: que la gente puede responder a nosotros o a nuestro grupo, como si fuéramos sustitutos de Cristo, y obtener así una falsa seguridad de salvación.

Desde un punto de vista bíblico, debemos comprender que tener una seguridad de salvación auténtica no solo es posible, sino que es nuestro *deber* buscarla. Si la seguridad es posible y se nos ordena buscarla, no es arrogante que la procuremos. Lo arrogante es no buscarla.

El apóstol Pedro escribe:

> Así que, hermanos, sean cada vez más diligentes para hacer firme su llamado y elección *de parte de Dios*. Porque mientras hagan estas cosas nunca caerán. Pues de esta manera les será concedida ampliamente la entrada al reino eterno de nuestro Señor y Salvador Jesucristo (2 P 1:10-11).

Aquí vemos el mandato de hacer firme nuestra elección. Eso requiere diligencia. En estas palabras, hay una preocupación pastoral. Pedro vincula la seguridad con estar libres de los tropiezos. Uno de los factores más importantes que contribuyen al crecimiento espiritual del cristiano, al crecimiento espiritual consistente, es la seguridad de la salvación. Hay muchos cristianos que de verdad están en un estado de salvación, pero no tienen seguridad. No tener seguridad es un obstáculo serio para el crecimiento espiritual. La persona que no está segura de su estado de gracia queda expuesta a las dudas y a los terrores del alma. Le falta un ancla para su vida espiritual. Su incertidumbre la vuelve vacilante en su caminar con Cristo.

No solo es importante que obtengamos seguridad auténtica, sino también que la obtengamos temprano en nuestra experiencia cristiana. Este elemento es clave en nuestro crecimiento hacia la madurez. Los pastores deben ser conscientes de esto y ayudar a su rebaño en la búsqueda diligente de la seguridad.

Nunca sé con certeza si alguien con quien me encuentro es un elegido o no. No puedo ver el corazón de los demás. No puedo ver el corazón de los demás. Como seres humanos, nuestra visión de los demás se limita a las apariencias externas. La única persona que puede saber con certeza que eres elegido eres tú.

¿Quién puede saber con certeza que no es elegido? Nadie. Puedes estar seguro de que en este momento no estás en estado de gracia, pero no puedes saber con certeza que mañana no lo estarás. Hay muchísimos elegidos que andan por ahí y aún no se han convertido.

Una de esas personas podría decir: «No sé si soy elegido o no, y no me preocupa en lo más mínimo». Difícilmente podría haber una mayor insensatez. Si todavía no sabes si eres elegido, no se me ocurre ninguna pregunta más urgente que debas responder.

Si no estás seguro, sería bueno que te aseguraras. Nunca asumas que no eres elegido. Haz que tu elección sea una certeza.

El apóstol Pablo estaba seguro de su elección. Usaba con frecuencia el término *nosotros* cuando hablaba de los elegidos. Cerca del fin de su vida, dijo:

> Porque yo ya estoy para ser derramado como una ofrenda de libación, y el tiempo de mi partida ha llegado. He peleado la buena batalla, he terminado la carrera, he guardado la fe. En el futuro me está reservada la corona de justicia que el Señor, el Juez justo, me entregará en aquel día; y no solo a mí, sino también a todos los que aman Su venida (2 Ti 4:6-8).

Previamente, había afirmado en la misma epístola:

Por lo cual también sufro estas cosas, pero no me avergüenzo. Porque yo sé en quién he creído, y estoy convencido de que Él es poderoso para guardar mi depósito hasta aquel día (1:12).

¿Cómo podemos tener una seguridad verdadera como la de Pablo, una seguridad que no sea falsa? La seguridad verdadera se basa en las promesas de Dios para nuestra salvación. Nuestra seguridad proviene ante todo de nuestra confianza en el Dios que hace esas promesas. En segundo lugar, nuestra seguridad se ve potenciada por la *evidencia interna* de nuestra propia fe. Sabemos que jamás podríamos haber tenido afecto genuino por Cristo si no hubiéramos nacido de nuevo. Sabemos que no podríamos haber nacido de nuevo si no fuéramos elegidos. Conocer la sana doctrina es vital para nuestra seguridad. Si comprendemos la elección correctamente, esa comprensión nos ayudará a interpretar las evidencias internas.

Sé en mi interior que no amo totalmente a Cristo. Sin embargo, al mismo tiempo, sé que lo amo. Me regocijo en mi interior al pensar en Su triunfo. Me regocijo en mi interior al pensar en Su venida. Me regocijaré en Su exaltación. Sé que ninguno de esos sentimientos que encuentro en mí podría estar ahí si no fuera por la gracia.

Cuando un hombre y una mujer están enamorados, suponemos que son conscientes de esa realidad. Por lo general, cada uno es capaz de discernir si está o no enamorado de otra persona. Eso proviene de una seguridad interna.

Además de la evidencia interna de la gracia, también hay una evidencia externa. Deberíamos poder observar el fruto visible de nuestra conversión. Sin embargo, la evidencia externa también puede ser la causa de nuestra falta de seguridad. Puede que veamos el pecado remanente en nuestras vidas. Ese pecado no contribuye mucho a nuestra seguridad. Nos vemos pecando y nos preguntamos: «¿Cómo puedo hacer estas cosas si de verdad amo a Cristo?».

Para tener seguridad, debemos hacer un análisis juicioso de nuestra vida (ver 2 Co 13:5). No sirve de mucho que nos comparemos con los demás. Siempre podremos encontrar a otros que están más avanzados en la santificación que nosotros. También podremos encontrar a algunos que están menos avanzados. Nunca hay dos personas que estén exactamente en el mismo punto de crecimiento espiritual.

Debemos preguntarnos si vemos cambios reales en nuestro comportamiento, evidencias externas genuinas de la gracia. Este es un proceso peligroso porque podemos mentirnos a nosotros mismos. Es una tarea difícil de realizar, pero no imposible.

Hay otro método vital para alcanzar la seguridad. La Escritura nos habla del testimonio interno del Espíritu Santo. Pablo afirma que «El Espíritu mismo da testimonio a nuestro espíritu de que somos hijos de Dios» (Ro 8:16).

El medio principal que el Espíritu usa para darnos testimonio es Su Palabra. Nunca tengo más seguridad que cuando medito en la Palabra de Dios. Si descuidamos este medio de gracia, es difícil que tengamos una seguridad de salvación fuerte y duradera.

A. A. Hodge, un teólogo reformado, nos ofrece la siguiente lista de distinciones entre la seguridad verdadera y la falsa:

Seguridad verdadera	*Seguridad falsa*
Produce humildad no fingida	Produce orgullo espiritual
Conduce a la diligencia en la santidad	Conduce a la complacencia perezosa
Conduce al autoexamen honesto	Evita la evaluación veraz
Conduce al deseo de tener una comunión más íntima con Dios	Es fría hacia la comunión con Dios

La seguridad de salvación puede aumentar o disminuir. Podemos incrementarla o reducirla. Incluso podemos perderla totalmente, al menos durante un tiempo. Hay muchas cosas que pueden hacer que la seguridad se nos escabulla. Podemos volvernos negligentes para preservarla. La diligencia con la que somos llamados a hacer firme nuestra elección es una diligencia continua. Si nos volvemos arrogantes debido a nuestra seguridad y empezamos a darla por sentada, corremos el peligro de perder tal seguridad.

Lo más peligroso para la continuidad de nuestra seguridad es caer en un pecado grave e inmoral. Conocemos el amor que cubre multitud de pecados. Sabemos que no tenemos que ser perfectos para tener seguridad de salvación. Pero cuando caemos en ciertos pecados específicos, nuestra seguridad se ve brutalmente agitada. El pecado de adulterio de David lo hizo temblar aterrado ante Dios. Si leemos su oración de confesión en el Salmo 51, podremos oír el lamento de un hombre que lucha por recuperar su seguridad. Cuando Pedro maldijo y negó a Cristo, y Jesús fijó la mirada en él, ¿cuál era el estado de la seguridad del apóstol?

Todos experimentamos períodos de enfriamiento espiritual en los que sentimos que Dios nos ha retirado por completo la luz de Su rostro. Los santos han llamado a esa experiencia la «noche oscura del alma». Hay momentos en los que sentimos que Dios nos ha abandonado. Pensamos que ya no escucha nuestras oraciones. No sentimos la dulzura de Su presencia. En momentos así, cuando nuestra seguridad está por los suelos, debemos inclinarnos hacia Él con todas las fuerzas. Dios nos promete que, si nos acercamos a Él, Él también se acercará a nosotros (ver Stg 4:8).

Por último, nuestra seguridad puede verse sacudida si somos expuestos a un gran sufrimiento. Una enfermedad grave, un accidente doloroso y la pérdida de un ser querido pueden perturbar nuestra seguridad. Sabemos que Job clamó: «Aunque Él me mate, en Él esperaré». Ese fue el clamor de un hombre adolorido. Dijo que estaba seguro de que Su Redentor vivía, pero tengo la certeza de que Job atravesó momentos en que lo atacaron las dudas.

Repito, la Palabra de Dios es la que nos consuela en los momentos de prueba. En última instancia, el efecto de nuestras tribulaciones no es destruir nuestra esperanza, sino afirmarla. Pedro escribió:

> Amados, no se sorprendan del fuego de prueba que en medio de ustedes ha venido para probarlos, como si alguna cosa extraña les estuviera aconteciendo. Antes bien, en la medida en que comparten los padecimientos de Cristo, regocíjense, para que también en la revelación de Su gloria se regocijen con gran alegría (1 P 4:12-13).

Cuando prestamos anteción a las promesas de Dios, nuestro sufrimiento puede servir para aumentar nuestra seguridad en vez de disminuirla. No es necesario que tengamos una crisis de fe. Nuestra fe puede fortalecerse a través del sufrimiento. Dios no solo promete que nuestro sufrimiento, en última instancia, simplemente resultará en alegría, sino en *gran* alegría.

¿Podemos perder la salvación?

Ya hemos dicho que es posible perder la seguridad de la salvación. Sin embargo, eso no significa que podamos perder la salvación misma. Ahora pasaremos al tema de la seguridad eterna. ¿Es posible que una persona justificada pierda la justificación?

Sabemos cómo ha respondido esta pregunta la Iglesia católica romana. Roma insiste en que la gracia de la justificación puede perderse. El sacramento de la penitencia, que requiere la confesión, fue establecido por ese mismo motivo. Roma llama al sacramento de la penitencia la «segunda tabla de la justificación para los que han naufragado en sus almas».

Según Roma, la gracia salvadora queda destruida en el alma cuando una persona comete un pecado «mortal». El pecado mortal tiene ese nombre porque tiene el poder de matar la gracia. La gracia puede morir. Si es destruida por el pecado mortal, debe ser restaurada por el sacramento de la penitencia; de lo contrario, el pecador terminará pereciendo.

Los reformados no creemos en el pecado mortal del mismo modo en que lo hace Roma. Creemos que todos los pecados son mortales en el sentido de que merecen la muerte y, al mismo tiempo, que ningún pecado es mortal en el sentido de poder destruir la gracia de la salvación en los elegidos (más adelante consideraremos el «pecado imperdonable» del que advirtió Jesús).

La visión reformada de la seguridad eterna es conocida como la *perseverancia de los santos* [*perseverance of the saints*], la *P* del *TULIP*. La idea es esta: «Una vez en la gracia, siempre en la gracia». Otra forma de decirlo es: «Si la tienes, nunca la pierdes; si la pierdes, nunca la tuviste».

Nuestra confianza en la perseverancia de los santos no se basa en nuestra confianza en la capacidad de los santos para perseverar por sí solos. Una vez más, me gustaría modificar ligeramente el acróstico *TULIP*. Nos queda la misma inicial, pero con una palabra nueva. Prefiero hablar de la *preservación* de los santos.

La razón por la que los cristianos verdaderos no caen de la gracia es que Dios, en Su gracia, les impide caer. La perseverancia es lo que hacemos nosotros. La preservación es lo que hace Dios. Nosotros perseveramos porque Dios preserva.

La doctrina de la seguridad o perseverancia eterna está basada en las promesas de Dios. A continuación, encontrarás algunos de los pasajes bíblicos claves:

Estando convencido precisamente de esto: que el que comenzó en ustedes la buena obra, la perfeccionará hasta el día de Cristo Jesús (Fil 1:6).

Mis ovejas oyen Mi voz; Yo las conozco y me siguen. Yo les doy vida eterna y jamás perecerán, y nadie las arrebatará de Mi mano. Mi Padre que me *las* dio es mayor que todos, y nadie las puede arrebatar de *la* mano del Padre (Jn 10:27-29).

Bendito sea el Dios y Padre de nuestro Señor Jesucristo, quien según Su gran misericordia, nos ha hecho nacer de nuevo a una esperanza viva, mediante la resurrección de Jesucristo de entre los muertos, para *obtener* una herencia incorruptible, inmaculada, y que no se marchitará, reservada en los cielos para ustedes.

Mediante la fe ustedes son protegidos por el poder de Dios, para la salvación que está preparada para ser revelada en el último tiempo (1 P 1:3-5).

Porque por una ofrenda Él ha hecho perfectos para siempre a los que son santificados (He 10:14).

¿Quién acusará a los escogidos de Dios? Dios es el que justifica. ¿Quién es el que condena? Cristo Jesús es el que murió, sí, más aún, el que resucitó, el que además está a la diestra de Dios, el que también intercede por nosotros.

¿Quién nos separará del amor de Cristo? ¿Tribulación, o angustia, o persecución, o hambre, o desnudez, o peligro, o espada? Tal como está escrito:

«Por causa Tuya somos puestos a muerte todo el día; Somos considerados como ovejas para el matadero».

Pero en todas estas cosas somos más que vencedores por medio de Aquel que nos amó.

Porque estoy convencido de que ni la muerte, ni la vida, ni ángeles, ni principados, ni lo presente, ni lo por venir, ni los poderes, ni lo alto, ni lo profundo, ni ninguna otra cosa creada nos podrá separar del amor de Dios que es en Cristo Jesús Señor nuestro (Ro 8:33-39).

Vemos en estos pasajes que el fundamento de nuestra confianza en la perseverancia es el poder de Dios. Dios promete terminar lo que empieza. Nuestra confianza no radica en la voluntad humana. Esta diferencia entre la voluntad humana y el poder de Dios distingue a los calvinistas de los arminianos. Los arminianos afirman que Dios solamente elige personas para vida eterna con la condición de que cooperen de forma voluntaria con la gracia y perseveren en la gracia hasta la muerte, tal y como Él lo previó.

Por ejemplo, la Iglesia católica romana promulgó el siguiente decreto: «Si alguno dijere, que el hombre una vez justificado no puede... perder la gracia, y que por esta causa el que cae y peca nunca fue verdaderamente justificado... sea excomulgado (o "anatema")» (Concilio de Trento: 6/23).

Los protestantes arminianos hicieron una declaración similar: «Si las personas verdaderamente regeneradas descuidan la gracia y contristan al Espíritu Santo pecando, caen por completo, y a la larga finalmente, de la gracia a la reprobación eterna» (ver Conferencia de los Remonstrantes 11/7).

Uno de los argumentos principales de los arminianos es que el hecho de que Dios «fuerce» la perseverancia del hombre es incompatible con el libre albedrío humano. Sin embargo, los propios arminianos creen que los creyentes no caerán de la gracia en el cielo. En nuestro estado de gloria, Dios nos volverá incapaces de pecar. Sin embargo, los santos glorificados en el cielo siguen siendo libres. Si la preservación y el libre albedrío son condiciones congruentes en el cielo, no es posible que sean incongruentes aquí en la tierra. Una vez más, los arminianos tratan de probar demasiado con su visión de la libertad humana. Si Dios puede preservarnos en el cielo sin destruir nuestro libre albedrío, también puede preservarnos en la tierra sin destruir nuestro libre albedrío.

Solo somos capaces de perseverar porque Dios actúa dentro de nosotros, con nuestro libre albedrío. Como Dios está actuando en nosotros, estamos seguros de que perseveraremos. Los decretos de la elección de Dios son inmutables. No cambian porque Él no cambia. Él glorifica a todos los que justifica. Ninguno de los elegidos se pierde jamás.

Entonces ¿por qué parece que muchas personas caen de la gracia? Todos hemos conocido individuos que empezaron con celo en la fe cristiana y luego la rechazaron. Hemos oído hablar de grandes líderes cristianos que han cometido pecados inmorales y han ensuciado con escándalo su profesión de fe.

La teología reformada no tiene problemas en reconocer que hay personas que hacen profesión de fe y luego la repudian. Sabemos que los cristianos «reinciden». Sabemos que los cristianos son capaces de cometer y, de hecho, cometen pecados graves y atroces.

Creemos que los cristianos verdaderos pueden tener caídas graves y radicales. Sin embargo, no creemos que puedan caer de forma *total* y *definitiva*. Observemos el caso del rey David, que no solo fue culpable de adulterio, sino también de conspirar en la muerte de Urías, el marido de Betsabé. David utilizó su poder y autoridad para garantizar que Urías muriera en la batalla. Básicamente, David fue culpable de homicidio calificado, premeditado y con alevosía.

La conciencia de David estaba tan cauterizada, su corazón tan endurecido, que llegó a ser necesario que un profeta de Dios lo confrontara directamente para que volviera a entrar en razón. Su arrepentimiento posterior fue tan profundo como su pecado. David pecó de forma radical, pero no total ni final. Fue restaurado.

Considera la historia de dos hombres famosos del Nuevo Testamento. Ambos fueron llamados por Jesús para que fueran Sus discípulos. Ambos caminaron con Jesús durante Su ministerio terrenal. Ambos traicionaron a Jesús. Me refiero a Pedro y a Judas.

Después de traicionar a Cristo, Judas fue y se suicidó. Después de traicionar a Cristo, Pedro se arrepintió, fue restaurado y terminó emergiendo como un pilar de la Iglesia primitiva. ¿Cuál fue la diferencia entre estos dos hombres? Jesús predijo que los dos lo traicionarían. Cuando terminó de hablar con Judas, le dijo: «Lo que vas a hacer, hazlo pronto».

Pero Jesús no habló así con Pedro; le dijo: «Simón, Simón, mira que Satanás los ha reclamado a ustedes para zarandearlos como a trigo; pero Yo he rogado por ti para que tu fe no falle; y tú, una vez que hayas regresado, fortalece a tus hermanos» (Lc 22:31-32).

Fíjate bien en lo que dijo Jesús. No dijo *si regresas*, sino *una vez que hayas regresado*. Cristo estaba seguro de que Pedro volvería. Su caída iba a ser radical y grave, pero no total ni definitiva.

Resulta claro que Jesús no basó Su confianza en el retorno de Pedro en la fuerza del discípulo. Jesús sabía que Satanás iba a zarandear a Pedro como a trigo. Eso era como decir que Pedro iba a ser «pan comido», un «juego de niños», para Satanás. La confianza de Jesús estaba basada en el poder de Su intercesión. Es porque Cristo prometió que Él sería nuestro gran Sumo Sacerdote, nuestro abogado ante el Padre, nuestro intercesor justo, que creemos que perseveraremos. Nuestra confianza está en nuestro Salvador y Sacerdote, que ora por nosotros.

La Biblia registra una oración que Jesús ofreció por nosotros en Juan 17. Deberíamos leer esta gran Oración Sumosacerdotal con frecuencia. Examinemos una parte:

> ... guárdalos en Tu nombre, el *nombre* que me has dado, para que sean uno, así como Nosotros somos uno. Cuando Yo estaba con ellos, los guardaba en Tu nombre, el *nombre* que me diste; y los guardé y ninguno se perdió, excepto el hijo de perdición, para que la Escritura se cumpliera (vv. 11-12).

También leemos:

> Padre, quiero que los que me has dado, estén también conmigo donde Yo estoy, para que vean Mi gloria, la *gloria* que me has dado; porque me has amado desde antes de la fundación del mundo (v. 24).

Nuestra preservación es una obra trinitaria: Dios Padre nos guarda y preserva; Dios Hijo intercede por nosotros; Dios Espíritu Santo habita en nosotros y nos ayuda. Hemos recibido el «sello» y la «garantía» del Espíritu Santo (ver 2 Ti 2:19; Ef 1:14; Ro 8:23). Todas estas imágenes corresponden a una prenda divina. El sello del Espíritu es una marca indeleble, como el sello del anillo de un monarca. Indica que somos posesión Suya. La garantía del Espíritu no es como las garantías monetarias que se cancelan en las transacciones inmobiliarias de hoy. Esas garantías pueden caducar. En términos bíblicos, la garantía del Espíritu es un pago inicial que incluye la promesa de que se pagará el resto. La garantía de Dios no caduca. No deja incompletos los pagos que comenzó. Las primicias del Espíritu garantizan que los últimos frutos también llegarán.

Una analogía de la obra preservadora de Dios podría ser la imagen de un padre que sostiene la mano de su hijito mientras los dos caminan juntos. Desde el punto de vista arminiano, la seguridad del niño depende de la fuerza con la que se agarre a la mano del padre. Si el niño se suelta, perecerá. Desde el punto de vista calvinista, la seguridad del niño radica en la fuerza con la que lo agarre el padre. Si la mano del niño flaquea, la mano del padre lo mantiene firme. El brazo del Señor no se acorta.

Sin embargo, seguimos preguntándonos por qué parece que algunas personas sí caen de forma completa y final. Aquí debemos hacer eco de las palabras del apóstol Juan: «Ellos salieron de nosotros, pero *en realidad* no eran de nosotros, porque si hubieran sido de nosotros, habrían permanecido con nosotros. Pero *salieron*, a fin de que se manifestara que no todos son de nosotros» (1 Jn 2:19).

Vamos a repetir nuestra frase lema: Si la tienes, nunca la pierdes; si la pierdes, nunca la tuviste. Reconocemos que la Iglesia de Jesucristo es un cuerpo mixto: hay cizaña que convive con el trigo y cabras que conviven con las ovejas. La parábola del sembrador deja claro que las personas pueden experimentar una conversión falsa. Pueden tener una fe aparente, pero es posible que esa fe no sea auténtica.

Conocemos personas que se han «convertido» muchas veces. Cada vez que hay una reunión de avivamiento en la iglesia, pasan al altar y «son salvas». Un pastor me contó de un hombre de su congregación que había «sido salvo» diecisiete veces. Durante una reunión de avivamiento, el evangelista hizo un llamado al altar para todos los que quisieran ser llenos del Espíritu. El hombre que se había convertido tantas veces se dirigió una vez más al altar. Una mujer de la congregación gritó: «No lo llenes, Señor. ¡Tiene goteras!».

Todos tenemos goteras hasta cierto punto, pero ningún cristiano está desprovisto total y definitivamente del Espíritu de Dios. Los que se vuelven «inconversos» en realidad nunca se convirtieron. Judas era hijo de perdición desde el principio. Su conversión fue falsa. Jesús no oró por su restauración. Judas no perdió el Espíritu Santo, pues nunca lo tuvo.

Advertencias bíblicas contra la apostasía

Probablemente, los argumentos más fuertes que los arminianos ofrecen contra la doctrina de la perseverancia de los santos se derivan de las múltiples advertencias contra la apostasía que hay en la Escritura. Por ejemplo, Pablo escribe: «...sino que golpeo mi cuerpo y lo hago mi esclavo, no sea que habiendo predicado a otros, yo mismo sea descalificado» (1 Co 9:27).

En otro lugar, Pablo habla de los hombres que han apostatado: «...y su palabra se extenderá como gangrena. Entre ellos están Himeneo y Fileto, que se han desviado de la verdad diciendo que la resurrección ya tuvo lugar, trastornando así la fe de algunos» (2 Ti 2:17-18).

Estos pasajes sugieren que es posible que los creyentes sean «descalificados» o que su fe sea «trastornada». Sin embargo, es importante ver cómo concluye Pablo sus palabras a Timoteo: «No obstante, el sólido fundamento de Dios permanece firme, teniendo este sello: "El Señor conoce a los que son Suyos", y: "Que se aparte de la iniquidad todo aquel que menciona el nombre del Señor"» (v. 19).

Pedro también habla de las puercas lavadas que vuelven a revolcarse en el cieno y de los perros que vuelven a su propio vómito y los compara con las personas que se han apartado después de haber sido instruidas en el camino de la justicia. Son falsos convertidos cuya naturaleza nunca ha sido transformada (ver 2 P 2:22).

Hebreos 6

El pasaje que contiene la advertencia más solemne contra la apostasía también es el más controvertido en lo que respecta a la doctrina de la perseverancia. Se encuentra en Hebreos 6:

> Porque en el caso de los que fueron una vez iluminados, que probaron del don celestial y fueron hechos partícipes del Espíritu Santo, que gustaron la buena palabra de Dios y los poderes del siglo venidero, pero *después* cayeron, es imposible renovarlos otra vez para arrepentimiento, puesto que de nuevo crucifican para sí mismos al Hijo de Dios y le exponen a la ignominia pública (vv. 4-6).

Este pasaje sugiere fuertemente que los creyentes pueden caer, y de hecho caen, total y finalmente. ¿Cómo debemos entenderlo?

El significado pleno de estos versículos es complejo por varias razones. La primera es que no sabemos con seguridad de qué problema de apostasía se está hablando en este texto, ya que no estamos seguros de quien es el autor o el destinatario de Hebreos. Hubo dos temas candentes en la Iglesia primitiva que podrían haber provocado fácilmente esta advertencia terrible.

El primer problema fue el de las personas llamadas *lapsi*. Los *lapsi* eran los que no habían retenido la fe en tiempos de persecución severa. No todos los miembros de la iglesia marcharon hacia los leones cantando himnos. Algunos se derrumbaron y se retractaron de su fe. Algunos incluso traicionaron a sus compañeros y colaboraron con los romanos. Cuando las persecuciones se apaciguaron, algunos de esos antiguos colaboradores se arrepintieron y pidieron ser readmitidos en la iglesia. No fue poca la controversia en torno a cómo debían ser recibidos.

El otro tema candente fue el que provocaron los judaizantes. La influencia destructiva de este grupo se aborda en varias secciones del Nuevo Testamento, sobre todo en el libro de Gálatas. Los judaizantes querían profesar a Cristo y al mismo tiempo imponer las ceremonias del culto del Antiguo Testamento. Por ejemplo, insistían en la circuncisión ceremonial. Creo que al autor de Hebreos lo que le preocupaba era esta herejía judaizante.

Un segundo problema es el de identificar la naturaleza de las personas a las que están dirigidas las advertencias contra la apostasía en Hebreos. ¿Son creyentes verdaderos o cizaña que está creciendo en medio del trigo? Aquí debemos recordar que hay tres categorías de personas a las que nos estamos refiriendo: (1) los creyentes, (2) los incrédulos en la iglesia y (3) los incrédulos fuera de la iglesia.

La carta a los Hebreos traza varios paralelos con el Israel del Antiguo Testamento, en especial con los apóstatas del campamento. ¿Quiénes son estas personas en Hebreos? ¿Cómo se les describe? Enumeremos sus atributos:

1. *Fueron una vez iluminadas.*
2. *Probaron del don celestial.*
3. *Fueron hechas partícipes del Espíritu Santo.*
4. *Gustaron la buena Palabra de Dios.*
5. *Es imposible renovarlas otra vez para arrepentimiento.*

A primera vista, pareciera que esta lista describe creyentes verdaderos. Sin embargo, también podría describir miembros de la iglesia que no son creyentes, personas que han hecho una falsa profesión de fe. Los incrédulos pueden poseer todos estos atributos. La cizaña que acude a la iglesia todas las semanas escucha la enseñanza y la predicación de la Palabra de Dios y, de esa manera, es «iluminada». Toman parte en todos los medios de gracia. Participan en la Cena del Señor. Participan del Espíritu Santo en el sentido de que disfrutan de la cercanía de Su presencia inmediata especial y de Sus beneficios. Incluso han experimentado una especie de arrepentimiento, al menos a nivel externo.

Por eso, muchos calvinistas le encuentran la solución a este pasaje relacionándolo con los incrédulos que repudian a Cristo dentro de la iglesia. Esa interpretación no me satisface por completo. Creo que el pasaje bien podría describir cristianos verdaderos. Me parece que la frase más importante es «renovarlos otra vez para arrepentimiento». Sé que existe un arrepentimiento falso que el autor denomina el arrepentimiento de Esaú en otro pasaje. Pero aquí habla de una renovación. Si el arrepentimiento nuevo es renovado, debe ser como el antiguo. Resulta indudable que el arrepentimiento renovado del que se está hablando es genuino. Por lo tanto, asumo que el antiguo era igualmente genuino.

Creo que el autor está argumentando con un estilo que conocemos como *ad hominem*. Los argumentos *ad hominem* consisten en tomar la posición del oponente y llevarla a su conclusión lógica. La conclusión lógica de la herejía judaizante es que destruye toda esperanza de ser salvo.

La lógica es esta: si una persona abraza a Cristo y confía en Su expiación por el pecado, ¿qué obtendría al volver al pacto de Moisés?

En la práctica, estaría repudiando la obra consumada de Cristo. Volvería a ser deudor de la ley. Si así fuera, ¿a dónde acudiría para encontrar salvación? Ha repudiado la cruz; no podría acudir a ella. No tendría ninguna esperanza de ser salva, pues no tendría ningún Salvador. Su teología no admite la obra consumada de Cristo.

La clave de Hebreos 6 se encuentra en el v. 9: «Pero en cuanto a ustedes, amados, aunque hablemos de esta manera, estamos persuadidos de las cosas que son mejores y que pertenecen a la salvación».

Aquí el propio autor señala que está hablando de una forma inusual. Su conclusión difiere de la de los que piensan que este texto enseña que la salvación se pierde. Concluye expresando la confianza de que encontrará *cosas que son mejores* en los amados, cosas que acompañan a la salvación. Evidentemente, la apostasía no acompaña a la salvación. El autor no dice que haya algún creyente que en verdad apostate. De hecho, dice lo contrario, que confía en que no se apartarán.

Pero si nadie apostata, ¿para qué molestarse en advertir a la gente? Parece frívolo exhortar a las personas a evitar lo imposible. Aquí es donde debemos entender la relación entre la perseverancia y la preservación. La perseverancia es tanto una gracia como un deber. Debemos esforzarnos al máximo en nuestro caminar espiritual. Humanamente hablando, es posible apostatar. Sin embargo, mientras nos esforzamos, debemos mirar a Dios, que nos está preservando. Es imposible que Él deje de guardarnos. Piensa una vez más en la analogía del niño que camina con su padre. Es posible que el niño se suelte. Si el padre es Dios, no es posible que Él lo suelte. Sin embargo, aunque el Padre ha prometido no soltarlo, el hijo sigue teniendo el deber de agarrarse con fuerza. Del mismo modo, el autor de Hebreos les advierte a los creyentes sobre la apostasía. Lutero denominaba a esto el «uso evangélico de la exhortación». Nos recuerda que debemos ser diligentes en nuestro caminar con Dios.

Por último, en lo que respecta a la perseverancia y la preservación, debemos contemplar la promesa que Dios hace en el Antiguo Testamento. A través del profeta Jeremías, Dios promete hacer un nuevo pacto con Su pueblo, un pacto eterno. Dice:

> Haré con ellos un pacto eterno, de que Yo no me apartaré de ellos para hacerles bien, e infundiré Mi temor en sus corazones para que no se aparten de Mí (Jr 32:40).

Resumen del capítulo 8

1. Concluimos que la seguridad de que somos salvos es vital para nuestra vida espiritual. Sin esta, nuestro crecimiento se ve estancado y somos atacados por dudas paralizantes.

2. Dios nos llama a hacer firme nuestra elección, a encontrar el consuelo y la fuerza que Dios ofrece en la seguridad. En Romanos 15, Pablo afirma que Dios es la fuente o el manantial de nuestra perseverancia, nuestro ánimo (v. 5) y nuestra esperanza (v. 13). Encontrar la seguridad es un deber y a la vez un privilegio.

3. Ningún creyente verdadero pierde la salvación jamás. Indudablemente, a veces los cristianos caen de forma grave y radical, pero nunca de forma total y final. No perseveramos por nuestras propias fuerzas, sino por la gracia de Dios que nos preserva.

Para estudio adicional

Apártate del mal y haz el bien,
Y tendrás morada para siempre.
Porque el SEÑOR ama la justicia,
Y no abandona a Sus santos;
Ellos son preservados para siempre,
Pero la descendencia de los impíos será exterminada.
Los justos poseerán la tierra,
Y para siempre morarán en ella (Sal 37:27-29).

El SEÑOR guarda a todos los que lo aman,
Pero a todos los impíos destruirá (Sal 145:20).

Porque el SEÑOR da sabiduría,
De Su boca vienen el conocimiento y la inteligencia.
Él reserva la prosperidad para los rectos
Y es escudo para los que andan en integridad,
Guarda las sendas del juicio,
Y preserva el camino de Sus santos (Pr 2:6-8).

Mis ovejas oyen Mi voz; Yo las conozco y me siguen. Yo les doy vida
eterna y jamás perecerán, y nadie las arrebatará de Mi mano. Mi
Padre que me las dio es mayor que todos, y nadie las puede arrebatar
de la mano del Padre. Yo y el Padre somos uno (Jn 10:27-30).

Porque estoy convencido de que ni la muerte, ni la vida, ni ángeles, ni
principados, ni lo presente, ni lo por venir, ni los poderes, ni lo alto, ni

*lo profundo, ni ninguna otra cosa creada nos podrá separar del amor
de Dios que es en Cristo Jesús Señor nuestro* (Ro 8:38-39).

*Porque por una ofrenda Él ha hecho perfectos para siempre a los que
son santificados* (He 10:14).

*Y a Aquel que es poderoso para guardarlos a ustedes sin caída y para
presentarlos sin mancha en presencia de Su gloria con gran alegría, al
único Dios nuestro Salvador, por medio de Jesucristo nuestro Señor,
sea gloria, majestad, dominio y autoridad, antes de todo tiempo, y
ahora y por todos los siglos. Amén* (Jud 1:24-25).

Capítulo 9

Preguntas y objeciones sobre la predestinación

Aún nos quedan varios problemas y dificultades relacionados con la predestinación que debemos, a lo menos, abordar brevemente.

¿La predestinación es fatalismo?

Una objeción frecuente contra la doctrina de la predestinación es que es una forma religiosa de fatalismo. Si analizamos el fatalismo en su sentido literal, veremos que está tan lejos de la doctrina bíblica de la predestinación como el oriente del occidente. El fatalismo significa literalmente que los asuntos humanos están controlados por subdeidades caprichosas (las Moiras) o por las fuerzas impersonales del azar; esta última es la opinión más popular.

La predestinación no se basa en una visión mítica en que hay diosas que juegan con nuestras vidas ni en una visión de un destino controlado por la colisión fortuita de los átomos. La predestinación está arraigada en el carácter de un Dios personal y justo, un Dios que es el Señor soberano de la historia. Si, a fin de cuentas, mi destino está en manos de una fuerza indiferente u hostil, eso es aterrador. Si está en las manos de un Dios justo y amoroso, eso es muy distinto. Los átomos no son justos; son amorales en el mejor de los casos. Dios es totalmente santo. Prefiero que mi destino esté en Sus manos.

La gran superstición de los tiempos modernos se centra en el papel que se le atribuye al azar en los asuntos humanos. El azar es la nueva deidad reinante de la mente moderna. El azar habita en el castillo de los dioses. Se le da el crédito por la creación del universo y por la aparición de la raza humana desde el fango.

El azar es un *shibboleth**. Es como una palabra mágica que utilizamos para explicar lo desconocido. Es la fuerza motriz favorita de los que le atribuyen poder a cualquier cosa o persona menos a Dios. Esta actitud supersticiosa hacia el azar no es nueva. Leemos de su atractivo muy temprano en la historia bíblica.

Recordemos el incidente de la historia judía en que los filisteos se apoderaron del arca sagrada del pacto. Ese día, la muerte visitó la casa de Elí y la Gloria se apartó de Israel. Los filisteos celebraron jubilosos su victoria, pero muy pronto aprendieron a lamentar lo que había ocurrido ese día. Dondequiera que llevaran el arca, les sobrevenía calamidad. El templo de Dagón fue humillado; el pueblo fue devastado por tumores. Durante siete meses, el arca fue transportada por las grandes ciudades de los filisteos y los mismos resultados catastróficos se repitieron en cada una.

Desesperados, los reyes de los filisteos deliberaron entre sí y decidieron enviarles el arca de vuelta a los judíos con una ofrenda por la

---

* **Nota de traducción:** Del hebreo שבולת ('espiga'). Se utiliza con el sentido de «santo y seña» o «contraseña» con que una persona declara su pertenencia a un grupo social u otro. En Jueces 12:6, esta palabra es usada para atrapar a un efrainita que tiene dificultad para pronunciarla.

culpa para aplacar la ira de Dios. Las últimas palabras del consejo son notables:

> Tomen el arca del SEÑOR y colóquenla en el carro; y pongan en una caja a su lado los objetos de oro que le entregarán como ofrenda por la culpa. Luego, déjenla ir, y que se vaya. Y observen bien: si sube por el camino de su territorio a Bet Semes, entonces Él nos ha hecho este gran mal. Pero si no, entonces sabremos que no fue Su mano la que nos hirió; nos sucedió por casualidad (1 S 6:8-9).

Ya hemos señalado que el azar no puede hacer nada porque no es nada. Permíteme explicarlo. Usamos la palabra *azar* para hablar de probabilidades matemáticas. Por ejemplo, cuando lanzamos una moneda al azar, sabemos que la probabilidad de que salga cara es del cincuenta por ciento. Si afirmamos que saldrá cara y sale cruz, podríamos decir que tuvimos mala suerte o que nos falló el azar.

¿Cuánta influencia tiene el azar cuando se lanza una moneda al aire? ¿Qué hace que salga cara o cruz? ¿Cambiarían las probabilidades si supiéramos de qué lado partió la moneda, cuánta presión ejerció el pulgar, cuán densa era la atmósfera y cuántas revoluciones hizo la moneda en el aire? Con esa información, nuestra capacidad de predecir el resultado superaría con creces al cincuenta por ciento.

Pero la mano es más rápida que el ojo. No podemos medir todos estos factores al lanzar una moneda en condiciones normales. Dado que podemos reducir los posibles resultados a dos, simplificamos las cosas hablando del azar. Sin embargo, el punto que debemos recordar es que el azar no ejerce absolutamente ninguna influencia cuando se lanza la moneda al aire. ¿Por qué no? Como hemos repetido, el azar no puede hacer nada porque no *es* nada. *No es una cosa.* Para que algo pueda ejercer poder o influencia, primero debe ser algo. Debe ser una especie de ente, ya sea material o inmaterial. El azar no es ninguna de esas dos cosas. Es una simple construcción mental. No tiene poder porque no tiene ser. No es nada.

Decir que algo sucedió por azar es decir que es una coincidencia. Eso no es más que confesar que no podemos discernir todas las fuerzas y poderes motrices que actúan en un evento. Así como no podemos percibir a simple vista todo lo que sucede cuando se lanza una moneda al aire, los asuntos complejos de la vida van más allá de nuestra capacidad de comprenderlos. Por eso inventamos el término *azar* para poder explicarlos. En realidad, el azar no explica nada. Es simplemente una palabra que utilizamos como abreviatura de nuestra ignorancia.

Escribí una vez sobre el tema de la causalidad, y un profesor de filosofía me escribió para quejarse de mi comprensión ingenua de la ley de causa y efecto. Me reprendió por no tomar en cuenta los «eventos sin causa». Le agradecí la carta y le dije que me encantaría discutir su objeción si me respondía mencionando un solo ejemplo de un evento sin causa. Todavía estoy esperando. De hecho, me quedaré esperando eternamente, pues ni siquiera Dios puede hacer un evento sin causa. Esperar un evento sin causa es como esperar un círculo cuadrado.

Nuestros destinos no son controlados por el azar. Lo digo de forma dogmática y con toda la vehemencia posible. Sé que mi destino no es controlado por el azar porque sé que no hay nada que pueda ser controlado por el azar. El azar no puede controlar nada porque no es nada. ¿Cuáles son las probabilidades de que el universo haya sido creado por el azar o que nuestros destinos sean controlados por el azar? Cero.

El fatalismo tiene su expresión más popular en la astrología. Los horóscopos diarios se elaboran sobre la base del movimiento de las estrellas. Las personas de nuestra sociedad saben más acerca de los doce signos del zodiaco que de las doce tribus de Israel. Sin embargo, Rubén tiene más que ver con mi futuro que Acuario, y Judá más que Géminis.

¿No dice la Biblia que Dios no quiere que nadie perezca?

Pedro afirma claramente que Dios no quiere que nadie perezca.

> El Señor no se tarda *en cumplir* Su promesa, según algunos entienden la tardanza, sino que es paciente para con ustedes, no queriendo que nadie perezca, sino que todos vengan al arrepentimiento (2 P 3:9).

¿Cómo podemos conciliar este versículo con la predestinación? Si la voluntad de Dios no es elegir a todos para que sean salvos, ¿cómo es posible que la Biblia diga que Dios no quiere que nadie perezca?

En primer lugar, debemos comprender que la Biblia habla de la voluntad de Dios en más de una manera. Por ejemplo, la Biblia habla de lo que llamamos *la voluntad soberana eficaz* de Dios. La voluntad soberana de Dios es aquella por la que Él efectúa las cosas con certeza absoluta. Nada puede resistirse a la voluntad de Dios en este sentido. Por Su voluntad soberana, Él creó el mundo. La luz no podría haberse negado a brillar.

La segunda forma en que la Biblia habla de la voluntad de Dios es con respecto a lo que denominamos Su *voluntad preceptiva*. La voluntad preceptiva de Dios se refiere a Sus mandamientos, a Sus leyes. La voluntad de Dios es que hagamos las cosas que Él nos manda. Somos capaces de desobedecer esta voluntad. De hecho, violamos Sus manda-mientos. No podemos hacer eso y quedar impunes; y sí, lo hacemos sin Su permiso ni Su aprobación, pero lo hacemos. Pecamos.

La tercera forma en que la Biblia habla de la voluntad de Dios se refiere a la disposición de Dios, a lo que le agrada. Dios no se complace en la muerte del impío. Hasta cierto punto, el castigo de los impíos no le produce gozo a Dios. Él decide ejecutarlo porque es bueno castigar el mal. Se deleita en la justicia de Su juicio, pero se «entristece» por el hecho de que ese juicio justo deba llevarse a cabo. Es algo similar a lo que ocurre con un juez que se sienta en el tribunal y condena a su propio hijo a la cárcel.

Apliquemos estas tres posibles definiciones al pasaje de 2 Pedro. Si tomamos la afirmación general «Dios no quiere que nadie perezca» y le aplicamos la voluntad soberana eficaz, la conclusión es obvia: nadie perecería. Si Dios decreta de forma soberana que nadie perezca, y Dios es Dios, entonces ciertamente nadie perecerá jamás. Esto sería entonces un texto de prueba no para el arminianismo sino para el universalismo. En tal caso, el pasaje terminaría probando demasiado para los arminianos.

Supongamos que le aplicáramos la definición de la voluntad pre-ceptiva de Dios. En ese caso el pasaje significaría que Dios no *permite* que nadie perezca. Es decir, Él prohíbe que las personas perezcan. Va contra Su ley. Si las personas hicieran caso omiso y perecieran, Dios tendría que castigarlas por perecer. Su castigo por perecer sería hacerlas perecer más. Pero ¿cómo es posible perecer más que al perecer? Esta definición no funciona en este pasaje. No tiene sentido.

La tercera alternativa es que Dios no se deleita en la perdición de las personas. Esto concuerda con lo que dice la Biblia en otras partes respecto a la disposición de Dios hacia los perdidos. Esta definición podría armonizar con el pasaje. Pedro podría estar diciendo simplemente que Dios no se deleita en la perdición de nadie.

Aunque la tercera definición es una alternativa posible e interesante para armonizar este pasaje con lo que la Biblia enseña sobre la predestinación, hay un factor más que tenemos que considerar. El texto no solo menciona el hecho de que Dios no quiere que nadie perezca. La cláusula completa es importante: «sino que es paciente para con ustedes, no queriendo que nadie perezca, sino que todos vengan al arrepentimiento».

¿Cuál es el antecedente de *nadie*? Claramente es *ustedes*. ¿Se refiere *ustedes* a todos los seres humanos o se refiere a nosotros los cristianos, al pueblo de Dios? A Pedro le gusta hablar de los elegidos como un grupo especial de personas. Creo que lo que está diciendo aquí es que Dios no quiere que ninguno de nosotros (los elegidos) perezca. Si eso es lo que él quiere decir, el texto requeriría la primera definición y sería otro pasaje que respalda sólidamente la predestinación.

El pasaje puede armonizarse fácilmente con la predestinación de dos maneras diferentes. Bajo ningún concepto apoya el arminianismo. Su único otro significado posible sería el universalismo, lo que lo pondría en conflicto con todo lo que la Biblia dice en contra de este.

Si solo puedo elegir lo que Dios ya ha decretado, ¿cómo es posible que mi elección sea verdadera?

A veces oigo a los teólogos no calvinistas (a los que nos referiremos de forma colectiva como arminianos) objetar el concepto calvinista del libre albedrío porque creen que el hecho de que Dios ordene todo lo que acontece le quita todo el sentido a la idea de «tomar decisiones».

No tiene sentido, dicen, que le prestemos atención a lo que afirma Jonathan Edwards sobre los motivos de nuestras decisiones, pues Dios las ordena y nos incapacita para hacer algo distinto de lo que Él ha ordenado. Esta es una objeción importante, pero no refuta el calvinismo. Analicemos las suposiciones tácitas que se esconden tras esta pregunta y veremos sus debilidades.

En primer lugar, los arminianos asumen que las decisiones humanas basadas en los decretos eternos de Dios no pueden ser «reales» porque los decretos hacen que esas decisiones sean inamovibles. Si el Señor ha decretado lo que sucederá, los seres humanos no podemos elegir algo distinto, y si no tenemos la capacidad de elegir algo distinto, no tenemos libre albedrío en ningún sentido. Al mismo tiempo, la mayoría de nuestros amigos arminianos afirman que Dios tiene pleno conocimiento del futuro y dicen que las decisiones humanas siguen siendo reales a pesar de que Su previo conocimiento sea exhaustivo. Al parecer, la suposición es que el hecho de que Dios conozca nuestras decisiones futuras es compatible con las decisiones «reales» porque Su mero conocimiento de lo que ocurrirá no determina el futuro. En la eternidad pasada, Dios era un mero observador pasivo de las decisiones humanas, y, de esta manera, las personas son los agentes determinantes supremos cuando toman decisiones.

Sin embargo, la visión arminiana de la toma de decisiones por parte del hombre, de hecho, no preserva la «realidad» de esas decisiones si consideramos cómo ellos mismos definen lo que son decisiones «reales». Si Dios de verdad es omnisciente, como creen la mayoría de los arminianos, Su conocimiento del futuro imposibilita que nuestras decisiones puedan ser distintas a como Él ya sabe que serán. El conocimiento de Dios no puede aumentar ni disminuir, así que mañana no aprenderá nada nuevo que cambie mi decisión futura por o contra Cristo. No tengo la «decisión real», como la definen los arminianos, de decirle sí o no a Jesús si Dios sabe con certeza hoy que mañana diré que sí. La única forma de conservar las decisiones «reales» que definen los arminianos sería negar que la omnisciencia de Dios garantice el futuro; tendríamos que negar que Dios tiene pleno conocimiento de todos los eventos futuros. Algunos han seguido este camino, pero la mayoría de los arminianos se niegan a dar el paso necesario para preservar la «realidad de las decisiones» negando que Dios conozca el futuro. Es tan evidente que negar este conocimiento de Dios es antibíblico, que la inmensa mayoría de los arminianos nunca han pensado en semejante herejía. En definitiva, la mayoría de los arminianos son inconsistentemente bíblicos, ya que se adhieren a la enseñanza escritural de que Dios conoce el futuro, pero, al mismo tiempo, niegan las posturas bíblicas de que Dios incluso es soberano sobre nuestras decisiones y que Su omnisciencia invalida la visión que ellos tienen del libre albedrío. De todos modos, ser *inconsistentemente bíblicos* es mucho mejor que ser *consistentemente antibíblicos* y negar las verdades bíblicas de que Dios conoce el futuro y de que Él es soberano sobre todas las cosas, incluso sobre la voluntad humana.

La segunda suposición errónea que subyace a la pregunta en cuestión es que las decisiones solo son «reales» si Dios no las ha preordinado. Sin embargo, la Escritura nunca dice que la realidad de nuestras decisiones dependa de que el Señor no haya ordenado todo lo que acontece. Como hemos visto, la Biblia afirma la realidad de las decisiones humanas en los mismos eventos en los que constata la obra predestinadora de Dios (ver Gn 50:15-21; Hch 2:22-24). Es cierto que no podemos comprender en plenitud cómo armonizan estas verdades, pero que no lo comprendamos no significa que la realidad de nuestras decisiones y la predestinación divina sean incompatibles. Lo único que nuestra falta de comprensión revela es lo deficiente de nuestro conocimiento y lo mucho que el pecado afecta nuestra capacidad de pensar los pensamientos de Dios (ver Ro 1:18-32).

Un concepto importante relacionado con la doctrina clásica de la providencia de Dios es el de la concurrencia. La concurrencia o confluencia tiene que ver con cómo las decisiones humanas se toman bajo la voluntad soberana de las decisiones divinas de Dios sin anular la realidad ni la responsabilidad de las decisiones humanas. Un ejemplo clásico es el que se encuentra en Génesis 50, cuando los hermanos de José expresaron su temor de que tomara represalias. Él les respondió así en el v. 19: «No teman, ¿acaso estoy yo en lugar de Dios? Ustedes pensaron hacerme mal, *pero* Dios lo cambió en bien para que sucediera como *vemos* hoy, y se preservara la vida de mucha gente». Aquí vemos una distinción entre la intención de Dios y la de los hermanos impíos de José. Los hermanos de José actuaron voluntariamente, es decir, actuaron con una intención real. Al mismo tiempo, Dios tenía Su intención. Cumplió Su propósito mediante las decisiones pecaminosas de los hermanos de José. El mismo principio opera en la muerte de Cristo. Cristo es entregado en manos de los impíos según el consejo de Dios. Era la voluntad de Dios que Jesús sufriera y muriera en manos de hombres impíos. La decisión de crucificarlo que ellos tomaron fue una decisión real y eran totalmente culpables por ello. Lo hicieron para mal, pero Dios lo hizo para bien.

Permíteme hacer un último comentario. Lo que Jonathan Edwards dice sobre el libre albedrío es vital porque nos explica que nuestra experiencia humana confirma la realidad de nuestras decisiones.

«Sentimos» que tomamos decisiones reales y, aunque nuestra experiencia no puede ser la norma suprema de nuestra teología, tampoco podemos negar su importancia. Creemos y sentimos que nuestras decisiones son reales porque tenemos una voluntad real con inclinaciones y preferencias reales, aunque todo lo que decidimos forma parte de la voluntad soberana de Dios. El análisis de Edwards nos ayuda a comprender mejor que nuestra experiencia de las decisiones humanas y los decretos del Señor armonizan de un modo que preserva la responsabilidad humana y la soberanía divina sin que esos dos elementos terminen convirtiéndose en una contradicción lógica.

Si Dios ordena activamente «todo lo que acontece», ¿cómo es posible que los calvinistas digan que Dios actúa pasivamente para «permitir» el mal?

Has notado bien que hay una dificultad aparente en que los calvinistas digamos que Dios permite algunas cosas y al mismo tiempo afirmemos que Él ordena «todo lo que acontece». Los pensadores reformados hemos utilizado esta distinción con frecuencia, aunque siempre hemos sido cuidadosos para aclarar lo que entendemos por «permiso». Juan Calvino trata este problema extensamente en su comentario sobre Génesis 45, y te recomiendo que lo leas para profundizar en tu estudio.

Los teólogos siempre deben seleccionar las palabras que mejor transmitan la verdad bíblica que pretenden resumir y proclamar. Hay controversias doctrinales que se han resuelto eliminando o añadiendo una sola letra a un término teológico, así que podrás imaginarte lo complejo que es distinguir entre la realidad de que Dios ordena activamente las cosas buenas y el hecho de que Él permite el mal de una forma más pasiva. Básicamente, decimos que Dios «permite» el mal para mostrar que, en Sus decretos eternos, la relación que Dios tiene con el mal no es la misma que la que tiene con el bien. El modo en el que Él está detrás de los malos acontecimientos de Su providencia es más indirecto que la forma en la que está detrás de los acontecimientos buenos. El término *permitir* es un intento de expresar con palabras algo que va mucho más allá de nuestra comprensión: el hecho de que Dios ordena el mal sin jamás ser culpable de ese mal (ver Stg 1:13, 16; 1 Jn 1:5). En su comentario sobre Génesis 45:8, Calvino señala que «este método de acción es secreto y está muy por encima de nuestro entendimiento». Yo sospecho que es posible que siga siéndolo aun en la eternidad. De todos modos, está claro que Dios nunca es un mero observador pasivo de lo que ocurre; no obstante, Él hace que sucedan todas las cosas sin ser jamás responsable por el mal, aunque siempre es digno de alabanza por el bien que sucede.

Es importante recordar que cuando decimos que Dios permite que el mal exista, ese permiso no contradice Su ordenación activa. Dios activamente decide ordenar lo que ordena de forma pasiva. Esta diferencia entre lo activo y lo pasivo es la distinción entre que Dios haga el mal y que Él ordene que acontezca el mal. La Biblia nos dice que nunca debemos llamar bien al mal ni mal al bien. Una cosa es decir que el mal es bueno y otra muy distinta es decir que es bueno que exista el mal. Si no fuera bueno que exista el mal, entonces el hecho de que Dios haya ordenado que el mal acontezca sería en sí mismo una acción malvada por parte de Dios. Pero ¿y qué si Dios, para manifestar Su propia gloria, decretó soberanamente que aconteciera el mal para dar a conocer las riquezas de Su gloria y misericordia? Entonces, ordenar la entrada del mal al mundo es una buena decisión por parte de Dios. Si Dios no tuviera la capacidad soberana de producir bien a partir del mal, perderíamos al instante uno de los pasajes más reconfortantes que tenemos en las Sagradas Escrituras. Romanos 8:28 enseña que todas las cosas cooperan para el bien de los que aman al Señor y son llamados conforme a Su propósito. Esto no significa que todas las cosas sean buenas en sí mismas, sino que Dios puede redimir y de hecho redime las cosas malas haciendo que obren para bien. Esto hace que Dios sea soberano sobre el mal, pero no culpable por esa ordenación soberana.

Si Dios interviene en el corazón de los escogidos para asegurar su salvación, pero pasa por alto a los demás sin crear incredulidad en sus corazones, ¿cómo cayó el hombre en la incredulidad? ¿Acaso la decisión de pecar que tomó la humanidad no era parte del decreto de Dios?

Esta pregunta llega al centro del problema del mal, el cual plantea la siguiente interrogante: ¿cómo es posible que exista el mal si el Creador es perfectamente bueno, omnisciente y omnipotente? Las mentes más brillantes de la historia se han esforzado por responder esta pregunta, pero todavía no hay una respuesta que «resuelva» el problema y elimine todas las preguntas y dificultades. Aquí nos enfrentamos a un gran misterio que Dios ha decidido no revelar a plenitud, al menos no todavía.

Entonces ¿acaso no hay nada que se pueda decir? Por supuesto que sí lo hay. Una vez más, acudimos a las Escrituras como nuestra única autoridad infalible para ver lo que ha sido revelado sobre el mal. En primer lugar, sabemos que Dios es totalmente soberano sobre todo lo que ocurre. Él «obra todas las cosas conforme al consejo de Su voluntad» (Ef 1:11), así que no ocurre nada al margen de Sus decretos soberanos. No cabe duda de que «todas las cosas» incluyen al mal, aun la elección que Adán tomó de cometer el primer pecado y sumir a la creación en un estado de miseria y decadencia (ver Job 1:20-22; Pr 16:4; Is 45:7; Lm 3:38; Mr 14:17-21). En segundo lugar, la Escritura es clara al afirmar que Dios puede ordenar el mal sin jamás ser responsable o culpable por este. Dios «no puede ser tentado por el mal y Él mismo no tienta a nadie» (Stg 1:13). Además, es el Creador santo que está libre de toda mancha (ver Is 6:1-3).

Quizás un día sabremos cómo estas verdades armonizan plenamente, pero ahora mismo lo único que puedo confesar es que no sé cómo es que la humanidad cayó en la incredulidad. Sé que Dios ordenó la caída, pero no sé cómo esa ordenación permitió que Adán y sus descendientes cayeran en el pecado sin que el propio Señor fuera el agente directo y el culpable de la caída. Más allá de cómo se produjo la caída, no podemos atribuirle al Señor la culpa del pecado de Adán de ningún modo. Dado que Dios ordenó que existiera el mal, sé que en cierto sentido es bueno que el mal exista. No estoy diciendo que el mal *sea bueno*, sino solo que Dios *consideró bueno* permitir que el mal infectara Su creación para poder vencer la maldad para alabanza de Su gloria. La Escritura no nos deja decir más que eso, y si la Palabra de Dios es nuestra autoridad, aquí es donde debemos detenernos y callar, confiando en la bondad de Dios, que ordenó todas las cosas en Su sabiduría, incluso aquello que es triste y trágico.

¿Cuál es el pecado imperdonable?

En nuestra discusión sobre la seguridad de la salvación y la perseverancia de los santos, mencionamos el tema del pecado imperdonable. No cabe duda de que Jesús nos advierte que no cometamos cierto pecado que es imperdonable. Por lo tanto, las preguntas que debemos contestar son las siguientes: ¿cuál es el pecado imperdonable? y ¿pueden los cristianos cometer ese pecado?

Jesús lo definió como la blasfemia contra el Espíritu Santo:

> Por eso les digo, que todo pecado y blasfemia será perdonado a los hombres, pero la blasfemia contra el Espíritu no será perdonada. Y a cualquiera que diga una palabra contra el Hijo del Hombre, se le perdonará; pero al que hable contra el Espíritu Santo, no se le perdonará ni en este siglo ni en el venidero (Mt 12:31-32).

En este pasaje, Jesús no ofrece una explicación detallada de la naturaleza de este terrible pecado. Declara que el pecado existe y hace una advertencia inquietante al respecto. El resto del Nuevo Testamento nos da poca explicación adicional. Debido a este silencio, ha habido mucha especulación sobre el pecado imperdonable.

Hay dos pecados que se han mencionado muchas veces como candidatos a ser el pecado imperdonable: el adulterio y el asesinato. Se propone el adulterio porque constituye un pecado contra el Espíritu Santo, ya que el cuerpo es el templo del Espíritu Santo. El adulterio era un delito capital en el Antiguo Testamento. El razonamiento es que, como merecía la pena de muerte y supone una violación del templo del Espíritu Santo, debe ser el pecado imperdonable.

Se habla del asesinato por razones similares. Dado que el hombre ha sido creado a imagen de Dios, un ataque a la persona humana se considera un ataque a Dios mismo. Matar al portador de la imagen es insultar a Aquel cuya imagen se porta. Del mismo modo, el asesinato es un pecado capital. Añadimos a esto el hecho de que el asesinato es un pecado contra la santidad de la vida. Puesto que el Espíritu Santo es la «fuerza vital» suprema, matar a un ser humano es lo mismo que insultar al Espíritu Santo.

Por muy atractivas que sean estas teorías para los especuladores, no han obtenido el consenso de la mayoría de los estudiosos de la Biblia. Hay una postura más popular que tiene que ver con la resistencia final a la aplicación de la obra redentora de Cristo que efectúa el Espíritu Santo. Por consiguiente, se considera que la incredulidad final es el pecado imperdonable. Si alguien repudia el evangelio de forma reiterada, total y definitiva, no tiene esperanza de ser perdonado en el futuro.

Lo que les falta a estas tres teorías es considerar seriamente lo que significa la blasfemia. La blasfemia es algo que hacemos con la boca. Tiene que ver con lo que decimos en voz alta. Desde luego, también puede hacerse con la pluma, pero la blasfemia es un pecado *verbal*.

Los Diez Mandamientos incluyen una prohibición de la blasfemia. Se nos prohíbe darle un uso frívolo o irreverente al nombre de Dios. Ante los ojos de Dios, el abuso verbal de Su santo nombre es un asunto lo bastante serio como para incluirlo en Su lista de los diez mandamientos más importantes. Eso nos indica que la blasfemia es grave ante los ojos de Dios. Blasfemar contra cualquier miembro de la Divinidad es un pecado atroz.

¿Significa esto que todos los que han abusado alguna vez del nombre de Dios no pueden tener esperanzas de ser perdonados ni ahora ni nunca? ¿Significa que si una persona maldice una vez usando el nombre de Dios, está condenada para siempre? Creo que no.

Es crucial observar en este texto que Jesús hace una distinción entre pecar contra Él (el Hijo del Hombre) y pecar contra el Espíritu Santo. ¿Significa esto que está bien blasfemar contra la primera y la segunda persona de la Trinidad, pero que insultar a la tercera es cruzar los límites del perdón? Eso casi no tiene sentido.

Entonces ¿por qué Jesús haría una distinción entre pecar contra Él mismo y pecar contra el Espíritu Santo? Creo que la clave para responder a esta pregunta es también la clave para zanjar todo el asunto de la blasfemia contra el Espíritu Santo. Esa clave se encuentra en el contexto original en que Jesús hizo esta seria advertencia.

En Mateo 12:24, leemos: «Pero cuando los fariseos *lo* oyeron, dijeron: "Este no expulsa los demonios sino por Beelzebú, el príncipe de los demonios"». Jesús responde con un discurso sobre una casa dividida contra sí misma y lo insensata que es la idea de que Satanás obre para expulsar a Satanás. Su advertencia contra el pecado imperdonable es la conclusión de esa discusión. Jesús introduce esa seria advertencia con la expresión «por eso».

La situación es más o menos esta: los fariseos están criticando reiteradamente a Jesús. Sus ataques verbales contra Él se están volviendo cada vez más maliciosos. Jesús había estado expulsando demonios «por el dedo de Dios», es decir, por el Espíritu Santo. Los fariseos caen tan bajo que llegan a acusar a Jesús de realizar Su obra santa por el poder de Satanás. Jesús les advierte. Es como si les dijera: «Tengan cuidado. Tengan mucho cuidado. Se están acercando peligrosamente a un pecado por el que no podrán ser perdonados. Atacarme a Mí es una cosa, pero tengan cuidado. Están pisando tierra santa».

Aún seguimos preguntándonos por qué Jesús marcó una distinción entre pecar contra el Hijo del Hombre y pecar contra el Espíritu. Vemos que, incluso en la cruz, Jesús pidió el perdón de los que lo estaban asesinando. El día de Pentecostés, Pedro habló del crimen horrible que fue cometido contra Cristo en la crucifixión, pero, a pesar de eso, extendió la esperanza de perdón a los que habían participado. Pablo dice: «...sino que hablamos sabiduría de Dios en misterio, la *sabiduría* oculta que, desde antes de los siglos, Dios predestinó para nuestra gloria. **Esta *sabiduría* que ninguno de los gobernantes de este siglo ha entendido, porque si la hubieran entendido no habrían crucificado al Señor de gloria**» (1 Co 2:7-8, énfasis añadido).

En estos versículos hay un cierto reconocimiento de la ignorancia humana. Debemos recordar que, cuando los fariseos acusaron a Jesús de obrar por el poder de Satanás, aún no tenían el beneficio de contar con la totalidad de la revelación divina sobre la verdadera identidad de Cristo. Hicieron estas acusaciones *antes* de la resurrección. Desde luego, los fariseos *deberían* haber reconocido a Cristo, pero no lo hicieron. Las palabras de Jesús en la cruz son importantes: «Padre, perdónalos, porque **no saben** lo que hacen».

Cuando Jesús hizo esta advertencia y marcó una distinción entre la blasfemia contra el Hijo del Hombre y la blasfemia contra el Espíritu Santo, la hizo en un momento en que Él aún no se había manifestado plenamente. Vemos que esta distinción tiende a desaparecer después de la resurrección, Pentecostés y la ascensión. Observa lo que afirma el autor de Hebreos:

> Porque si continuamos pecando deliberadamente después de haber recibido el conocimiento de la verdad, ya no queda sacrificio alguno por los pecados, sino cierta horrenda expectación de juicio, y la furia de UN FUEGO QUE HA DE CONSUMIR A LOS ADVERSARIOS. Cualquiera que viola la ley de Moisés muere sin misericordia por *el testimonio de* dos o tres testigos.

> ¿Cuánto mayor castigo piensan ustedes que merecerá el que ha pisoteado bajo sus pies al Hijo de Dios, y ha tenido por inmunda la sangre del pacto por la cual fue santificado, y ha ultrajado al Espíritu de gracia? (He 10:26-29).

En este pasaje, la distinción entre el pecado contra Cristo y el pecado contra el Espíritu desaparece. Aquí, pecar contra Cristo es insultar al Espíritu de gracia. La clave está en el pecado voluntario *después de* haber recibido el conocimiento de la verdad.

Si interpretamos la primera línea de este pasaje en términos absolutos, ninguno de nosotros tendría esperanzas de llegar al cielo. Todos pecamos deliberadamente después de conocer la verdad. Lo que está considerando aquí es un pecado concreto, no todos y cada uno de los pecados. Estoy convencido de que el pecado concreto que se contempla aquí es la blasfemia contra el Espíritu Santo.

Concuerdo con los estudiosos del Nuevo Testamento que concluyen que el pecado imperdonable es blasfemar a Cristo *y* al Espíritu Santo al decir que Jesús es un demonio cuando uno sabe que no es así. Es decir, el pecado imperdonable no se puede cometer por ignorancia. Si alguien sabe con certeza que Jesús es el Hijo de Dios y luego afirma con la boca que Jesús viene de Satanás, esa persona ha cometido una blasfemia imperdonable.

¿Quién comete un pecado así? Es un pecado que comparten los demonios y las personas totalmente degeneradas. Satanás sabía quién era Jesús. No podía excusarse alegando ignorancia.

Uno de los hechos fascinantes de la historia es la forma extraña en que los incrédulos hablan de Jesús. La gran mayoría de los incrédulos hablan de Jesús con mucho respeto. Puede que ataquen a la iglesia con mucha hostilidad, pero siguen refiriéndose a Jesús como un «gran hombre». Una sola vez en mi vida he escuchado a alguien decir en voz alta que Jesús era un demonio. Quedé impactado cuando vi a ese hombre parado en medio de la calle, agitando el puño al cielo y gritando a todo pulmón. Maldijo a Dios y usó todas las obscenidades que pudo para atacar a Jesús. Quedé igual de impactado cuando, solo unas horas después, vi al mismo hombre en una camilla con una bala en el pecho. Se la disparó él mismo. Murió antes del amanecer.

Ni siquiera esa escena espantosa me llevó a concluir que esa persona en verdad cometió el pecado imperdonable. No tenía cómo saber si ignoraba o no la verdadera identidad de Cristo.

Decir que Jesús es un demonio no es algo que veamos hacer a mucha gente. Sin embargo, es posible que el ser humano conozca la verdad sobre Jesús y caiga así de bajo. No es necesario haber nacido de nuevo para conocer intelectualmente la verdadera identidad de Jesús. Reitero, los demonios no regenerados saben quién es Él.

¿Y qué pasa con los cristianos? ¿Es posible que un cristiano cometa el pecado imperdonable y pierda así la salvación? Creo que no. La gracia de Dios lo vuelve imposible. En nosotros mismos, somos capaces de cometer cualquier pecado, incluso la blasfemia contra el Espíritu Santo. Pero Dios nos preserva de este pecado. Nos preserva de la blasfemia total y definitiva, guardando nuestros labios de ese crimen horrible. Cometemos otros pecados y otros tipos de blasfemia, pero Dios, en Su gracia, nos impide cometer la blasfemia suprema.

¿Murió Jesús por todos?

Uno de los puntos más controvertidos de la teología reformada tiene que ver con la *L* del *TULIP*. La *L* es para la *expiación limitada* [*limited atonement*]. Este tema ha sido un problema doctrinal tan grande que hay muchos cristianos que dicen abrazar la mayoría de las doctrinas del calvinismo, pero aquí abandonan el barco. Se autodenominan calvinistas «de cuatro puntos». El punto que no pueden soportar es la expiación limitada.

Muchas veces he pensado que, para ser calvinista de cuatro puntos, uno debe comprender erróneamente al menos uno de los cinco puntos. Me resulta difícil imaginar que alguien pueda entender los otros cuatro puntos del calvinismo y niegue la expiación limitada. Sin embargo, siempre existe la posibilidad de la dichosa incoherencia por la que la gente mantiene posturas incompatibles al mismo tiempo.

La doctrina de la expiación limitada es tan compleja que para tratarla adecuadamente haría falta un volumen completo. Ni siquiera le he dedicado un capítulo completo en este libro porque un solo capítulo no puede hacerle justicia. He pensado en ni siquiera mencionarla porque existe el peligro de que decir muy poco al respecto sea peor que no decir nada. Pero creo que el lector se merece al menos un breve resumen de la doctrina en lo que respecta a la predestinación. Por lo tanto, procederé, pero no sin advertir que el tema requiere ser tratado con mucha más profundidad de la que puedo ofrecer aquí.

El tema de la expiación limitada tiene que ver con la siguiente pregunta: «¿Por quiénes murió Cristo? ¿Murió por todos o solo por los elegidos?». Todos concordamos en que el valor de la expiación de Jesús fue suficiente como para cubrir los pecados de todos los seres humanos. También concordamos en que Su expiación es ofrecida genuinamente a todas las personas. Cualquiera que deposite su confianza en la muerte expiatoria de Jesucristo ciertamente recibirá todos los beneficios de esa expiación. También estamos seguros de que todo el que responda a la oferta universal del evangelio será salvo.

La pregunta es: «¿Para quién fue *concebida* la expiación?». ¿Envió Dios a Jesús al mundo solo para que hiciera *posible* la salvación de las personas o tenía algo más definido en mente? (Roger Nicole, un eminente teólogo bautista, prefiere decirle «expiación definida» a la expiación limitada, así que altera el acróstico *TULIP* tanto como yo lo hago).

Algunos argumentan que la expiación limitada solo significa que los beneficios de la expiación están limitados a los creyentes que cumplen la condición necesaria de la fe. Es decir, aunque la expiación de Cristo fue suficiente para cubrir los pecados de todos los hombres y satisfacer la justicia de Dios por todos los pecados, solo *efectúa* la salvación en los creyentes. Esa fórmula dice: suficiente para todos; eficaz solo para los elegidos.

Ese punto solo sirve para distinguirnos de los universalistas, que creen que la expiación garantizó la salvación de todos. Pero la doctrina de la expiación limitada va más allá. Se ocupa de un asunto más profundo: de la *intención* del Padre y del Hijo en la cruz. Afirma que la misión y la muerte de Cristo estaban restringidas a un número limitado de personas: a Su pueblo, a Sus ovejas. Jesús recibió el nombre *Jesús* porque Él salvaría a Su pueblo de sus pecados (ver Mt 1:21). El buen pastor da Su vida por las ovejas (ver Jn 10:15). Hay muchos pasajes así en el Nuevo Testamento.

La misión de Cristo era salvar a los elegidos. «Y esta es la voluntad del que me envió: que de todo lo que Él me ha dado Yo no pierda nada, sino que lo resucite en el día final» (Jn 6:39). Si Dios no hubiera tenido en mente un número fijo de personas cuando designó a Cristo para morir, los efectos de Su muerte habrían sido inciertos. Existiría la posibilidad de que la misión de Cristo fuera un fracaso total y absoluto.

La expiación y la intercesión de Jesús son obras conjuntas de Su sumo sacerdocio. Cristo excluye explícitamente a los no elegidos de Su gran Oración Sumo Sacerdotal: «Yo ruego por ellos; no ruego por el mundo, sino por los que me has dado; porque son Tuyos» (Jn 17:9). ¿Murió Cristo por las personas por las que no rogó?

Lo esencial aquí tiene que ver con la naturaleza de la expiación. La obra de expiación de Jesús incluyó tanto la *expiación* como la *propiciación*. La expiación implica que Cristo eliminó nuestros pecados y los puso «lejos de» *(ex)* nosotros. La propiciación implica una satisfacción por el pecado «ante o en presencia de» *(pro)* Dios. El arminianismo tiene una expiación de valor limitado. No cubre el pecado de la incredulidad. Si Jesús muriera por todos los pecados de todos los hombres, si expiara todos nuestros pecados y propiciara todos nuestros pecados, todos serían salvos. Una expiación potencial no es una expiación real. Jesús *realmente* expió los pecados de Sus ovejas.

El mayor problema de la expiación definida o limitada se encuentra en los pasajes en que las Escrituras usan expresiones como «por todos» o por el «mundo entero» en relación con la muerte de Cristo. El mundo por el que Cristo murió no puede ser toda la familia humana. Debe referirse a la universalidad de los elegidos (personas de todas las tribus y naciones) o a la inclusión de los gentiles además del mundo judío. Fue un judío el que escribió que Jesús no murió solo por *nuestros* pecados, sino también por los del mundo entero. ¿Se refiere la palabra *nuestros* a los creyentes o a los creyentes judíos?

Debemos recordar que uno de los puntos cardinales del Nuevo Testamento es la inclusión de los gentiles en el plan salvador de Dios.

La salvación era *de* los judíos, pero no estaba restringida a los judíos. Cada vez que decimos que Cristo murió por todos, debemos añadir una limitación; de lo contrario, la conclusión sería que hay universalismo o una expiación meramente potencial.

La expiación de Cristo fue real. Logró todo lo que Dios y Jesús pretendían con esta. El propósito de Dios no fue frustrado ni puede ser frustrado por la incredulidad humana. El Dios soberano envió soberanamente a Su Hijo a expiar a Su pueblo.

Nuestra elección es en Cristo. Somos salvados por Él, en Él y *para* Él. La razón de nuestra salvación no es solo el amor que Dios tiene por nosotros; está arraigada especialmente en el amor que el Padre tiene por el Hijo. Dios recalca que Su Hijo verá el fruto de la angustia de Su alma y quedará satisfecho. Nunca ha existido ni la más remota posibilidad de que Cristo haya muerto en vano. Si el ser humano en verdad está muerto en el pecado y en la esclavitud al pecado, una expiación meramente potencial o condicional no solo *podría* haber terminado fracasando, sino que *habría* terminado fracasando con toda seguridad. Los arminianos no tienen ninguna razón sólida para creer que Jesús no murió en vano. Terminan con un Cristo que intentó salvar a todo el mundo, pero en realidad no salvó a nadie.

¿Cómo influye la predestinación en la tarea de la evangelización?

Esta pregunta evidencia preocupaciones serias sobre la misión de la iglesia. Es especialmente importante para los cristianos evangélicos. Si la salvación personal está decidida de antemano por un decreto divino inmutable, ¿cuál es el sentido o la urgencia de la obra de evangelización?

Nunca olvidaré la experiencia aterradora de cuando el Dr. Grestner me interrogó sobre este punto en una clase del seminario. Éramos unos veinte alumnos sentados en un semicírculo dentro del aula. El profesor planteó esta pregunta: «Muy bien, señores, si Dios ha decretado soberanamente la elección y la reprobación desde toda la eternidad, ¿por qué debemos preocuparnos por la evangelización?». Respiré aliviado cuando Gerstner comenzó su interrogatorio en el extremo izquierdo del semicírculo, ya que yo estaba sentado en el último asiento de la derecha. Me consolé con la esperanza de que la pregunta nunca llegaría a mí.

El consuelo duró poco. El primer estudiante contestó así la pregunta de Gerstner: «No lo sé, señor. Esa pregunta siempre me ha atormentado». El segundo alumno dijo: «Me supera». El tercero se limitó a negar con la cabeza y dejar caer la mirada al suelo. En una sucesión veloz, todos los alumnos le pasaron la pregunta al siguiente. Las fichas del dominó estaban cayendo en dirección a mí.

«Bueno, Sr. Sproul, ¿qué respondería usted?». Quería que me tragara la tierra y deseaba esconderme bajo las tablas del suelo, pero no había escapatoria. Tartamudeé y murmuré una respuesta. «¡Hable en voz alta!», dijo el Dr. Gerstner. Con palabras vacilantes, contesté: «Bueno, Dr. Gerstner, sé que esta no es la respuesta que está buscando, pero una pequeña razón por la que deberíamos seguir preocupándonos por la evangelización es que... bueno... eh... ya sabe, después de todo, Cristo nos manda a evangelizar».

Los ojos de Gerstner empezaron a arder. «Ah, ya veo, Sr. Sproul —dijo—, una *pequeña razón* es que su Salvador, el Señor de la gloria, el Rey de reyes lo ha ordenado. ¿Una pequeña razón, Sr. Sproul? ¿Acaso es poco significativo para usted que el mismo Dios soberano que decreta soberanamente su elección también ordene soberanamente que usted participe en la tarea de la evangelización?». ¡Oh, cuánto deseé no haber usado nunca la palabra pequeña! Entendí la idea del Dr. Gerstner.

La evangelización es un deber nuestro. Dios lo ha ordenado. Eso debería bastarnos para zanjar el asunto, pero hay más. La evangelización no solo es un deber; también es un privilegio. Dios nos permite participar en la mayor obra de la historia humana, la obra de redención. Escucha lo que dice Pablo al respecto. Después de su famoso capítulo 9 de Romanos, añade un capítulo 10:

Porque: «TODO AQUEL QUE INVOQUE EL NOMBRE DEL SEÑOR SERÁ SALVO». ¿Cómo, pues, invocarán a Aquel en quien no han creído? ¿Y cómo creerán en Aquel de quien no han oído? ¿Y cómo oirán sin haber quien les predique? ¿Y cómo predicarán si no son enviados? Tal como está escrito: «¡CUÁN HERMOSOS SON LOS PIES DE LOS QUE ANUNCIAN EL EVANGELIO DEL BIEN!» (Ro 10:13-15).

Observemos la lógica del argumento que Pablo plantea aquí. Enumera una serie de condiciones necesarias para que la gente sea salva. Si no se envía a nadie, no hay predicadores; sin predicadores, no hay predicación; sin predicación, nadie oye el evangelio; si nadie oye el evangelio, nadie cree en el evangelio; si nadie cree en el evangelio, nadie puede invocar a Dios para ser salvo; si nadie invoca a Dios para ser salvo, no hay salvación.

Dios no solo ordena de antemano el *fin* de la salvación de los elegidos, sino que también ordena los *medios* para llegar a ese fin. Dios ha escogido la locura de la predicación como el medio para concretar la redención. Supongo que podría haber llevado a cabo Su propósito divino sin nosotros. Podría haber publicado el evangelio en las nubes usando Su dedo santo para escribir en el cielo. Podría haber predicado el evangelio Él mismo, con Su propia voz, gritando desde el cielo. Pero eso no es lo que decidió.

Ser usados por Dios en el plan de redención es un privilegio maravilloso. Pablo apela a un pasaje del Antiguo Testamento cuando habla de la belleza de los pies de los que traen buenas nuevas y publican la paz.

> ¡Qué hermosos son sobre los montes
> Los pies del que trae buenas nuevas,
> Del que anuncia la paz,
> Del que trae las buenas nuevas de gozo,
> Del que anuncia la salvación,
> *Y* dice a Sión: «Tu Dios reina»!
> ¡Una voz! Tus centinelas alzan la voz,
> A una gritan de júbilo
> Porque verán con sus propios ojos
> Cuando el SEÑOR restaure a Sión.
> Prorrumpan a una en gritos de júbilo,
> Lugares desolados de Jerusalén,
> Porque el SEÑOR ha consolado a Su pueblo,
> Ha redimido a Jerusalén (Is 52:7-9).

En el mundo antiguo, las noticias de las batallas y de otros acontecimientos cruciales eran llevadas por mensajeros que corrían. La actual carrera de maratón tiene ese nombre en honor a la resistencia del mensajero que le llevó a su pueblo las noticias del resultado de la batalla de Maratón.

Había centinelas que esperaban atentos la llegada de los mensajeros. Tenían ojos agudos y entrenados para detectar los matices sutiles de las zancadas de los corredores que venían en camino. Los que traían malas noticias se acercaban con pies pesados. Los que traían buenas noticias se acercaban con rapidez y sus pies se movían veloces sobre el polvo. Sus zancadas revelaban su entusiasmo. Para los centinelas, ver a un corredor que se acercaba con rapidez desde la distancia y apenas rozaba la montaña con los pies era magnífico.

Por eso, la Biblia habla de lo bellos que son los pies de los que nos traen las buenas nuevas. Cuando nació mi hija y el médico llegó a la sala de espera para anunciarlo, quise abrazarlo. Tenemos una inclinación favorable hacia los que nos traen buenas noticias. Siempre habrá un lugar especial en mi corazón para el hombre que me habló por primera vez de Cristo. Sé que fue Dios quien me salvó y no él, pero sigo valorando el papel de esa persona en mi salvación.

Llevar personas a Cristo es una de las mayores bendiciones personales que podemos disfrutar. Ser calvinista no disminuye el gozo de esa experiencia. Históricamente hablando, los calvinistas han sido muy activos en la evangelización y en la misión mundial. Basta con mencionar los esfuerzos misioneros de Juan Calvino en Ginebra o de Jonathan Edwards y George Whitefield y el Gran Despertar para ilustrar este punto.

Tenemos un papel importante que desempeñar en la evangelización. Predicamos y proclamamos el evangelio. Ese es nuestro deber y nuestro privilegio. Pero Dios es el que da el crecimiento. Él no nos necesita a nosotros para cumplir Su propósito, pero se complace en utilizarnos en esta tarea (ver 1 Co 3:6-7).

Conocí una vez a un evangelista ambulante que me dijo: «Déjame a solas con cualquier persona durante quince minutos y conseguiré que se decida por Cristo». Lamentablemente, ese hombre de verdad creía en sus propias palabras. Estaba convencido de que el poder de la conversión residía únicamente en su capacidad de persuasión.

No dudo que basaba su afirmación en su experiencia pasada. Era tan prepotente que estoy seguro de que hubo muchos que tomaron una decisión por Cristo luego de estar quince minutos a solas con él. Seguramente podía cumplir su promesa de producir una *decisión* en quince minutos. Lo que no podía garantizar era una *conversión* en quince minutos. La gente solo tomaba la decisión para librarse de Él.

Nunca debemos subestimar la importancia de nuestro papel en la evangelización. Tampoco debemos sobrevalorarla. Predicamos. Damos testimonio. Hacemos el llamado externo. Pero solo Dios tiene el poder de llamar a una persona internamente. No me siento engañado por eso. Al contrario, me siento reconfortado. Debemos hacer nuestro trabajo confiando en que Dios hará el Suyo.

Conclusión

Al comienzo de este libro, conté parte de mi peregrinación personal en lo que respecta a la doctrina de la predestinación. Mencioné el conflicto serio y prolongado que supuso. Mencioné que terminé sometiéndome de mala gana a la doctrina. Llegué a estar convencido de la realidad de que el asunto era cierto antes de deleitarme en él.

Permíteme terminar este libro mencionando que, poco después de despertar y ver que la predestinación es cierta, empecé a ver su belleza y a saborear su dulzura. He llegado a amar esta doctrina. Es sumamente reconfortante. Resalta cuánto ha hecho Dios por nosotros. Es una teología que comienza y termina en la gracia. Comienza y termina en doxología. Alabamos a un Dios que nos levantó de la muerte espiritual y nos hace andar en las alturas. Encontramos a un Dios que está «por nosotros», dándonos el valor necesario para resistir a los que pueden estar contra nosotros. Hace que nuestras almas se regocijen al saber que todas las cosas cooperan para nuestro bien. Nos deleitamos en nuestro Salvador, que realmente nos salva, nos preserva e intercede por nosotros. Nos maravillamos en Su obra y en lo que Él ha hecho. Brincamos y saltamos de alegría al descubrir que prometió perfeccionar lo que comenzó en nosotros. Meditamos en los misterios y nos postramos ante ellos, pero sin dejar de elevar una doxología por las riquezas de la gracia que Él ha revelado:

¡Oh, profundidad de las riquezas y de la sabiduría y del conocimiento de Dios! ¡Cuán insondables son Sus juicios e inescrutables Sus caminos! [...] Porque de Él, por Él y para Él son todas las cosas. A Él *sea* la gloria para siempre. Amén (Ro 11:33, 36).

Acerca del autor

El Dr. R.C. Sproul fue fundador de *Ministerios Ligonier*, pastor fundador de *Saint Andrew's Chapel* en Sanford, Florida, primer presidente de *Reformation Bible College* y editor ejecutivo de la revista *Tabletalk*. Durante su distinguida carrera académica, el Dr. Sproul contribuyó en la formación de hombres para el ministerio como profesor en varios seminarios teológicos importantes. Escribió más de cien libros, incluyendo *La santidad de Dios, ¿Qué es la teología reformada?* y *Todos somos teólogos*. Además, fue editor general de *La Biblia de Estudio de La Reforma*.

MINISTERIOS LIGONIER

Ministerios Ligonier es una organización internacional de discipulado cristiano fundada por el Dr. R.C. Sproul en 1971 para proclamar, enseñar y defender la santidad de Dios en toda su plenitud a tantas personas como sea posible.

Para cumplir con la Gran Comisión, Ministerios Ligonier comparte recursos de discipulado a nivel mundial en formato impreso y digital. Recursos confiables, tales como libros, artículos y series de enseñanza en video, están siendo traducidos o doblados a más de cuarenta idiomas. Nuestro deseo es apoyar a la Iglesia de Jesucristo ayudando a los cristianos a saber lo que creen, por qué lo creen, cómo vivirlo y cómo compartirlo.